U0686962

毛晓 编

国学启蒙经典必读

三字经 百家姓 千字文

弟子规 论语精选

金盾出版社

内 容 提 要

国学是中华民族优秀的传统文化。本书编者选取了适合小学生阅读的最浅显的国学启蒙读物：三字经、百家姓、千字文、弟子规、论语，用深入浅出的简洁语言对原文加以讲解和注释，并加注拼音。书中详实地介绍了古代先贤、英杰的事迹，中国的历史，书中还讲述了应该遵循的人伦道德，教人怎样做人，许多观点至今仍具有积极意义。让儿童早点儿接触国学经典，必定会对孩子成长起潜移默化的作用。本书配有卡通式插图，亦为增加可读性，相信小朋友会喜欢。

图书在版编目(CIP)数据

国学启蒙经典必读：三字经·百家姓·千字文·弟子规·论语精选/毛晓编. — 北京：金盾出版社，2014.1
ISBN 978-7-5082-8851-2

Ⅰ.①国… Ⅱ.①毛… Ⅲ.①国学—儿童读物 Ⅳ.①Z126-49

中国版本图书馆 CIP 数据核字(2013)第 225628 号

金盾出版社出版、总发行
北京太平路 5 号(地铁万寿路站往南)
邮政编码：100036 电话：68214039 83219215
传真：68276683 网址：www.jdcbs.cn
封面印刷：北京印刷一厂
正文印刷：双峰印刷装订有限公司
装订：双峰印刷装订有限公司
各地新华书店经销
开本：787×1092 1/16 印张：13.625 字数：315 千字
2014 年 1 月第 1 版第 1 次印刷
印数：1～6 000 册 定价：28.00 元
(凡购买金盾出版社的图书，如有缺页、
倒页、脱页者，本社发行部负责调换)

目 录

三字经

rén zhī chū　　　xìng běn shàn
人 之 初①，性 本 善。

xìng xiāng jìn　　　xí xiāng yuǎn
性 相 近，习 相 远。

gǒu bú jiào　　　xìng nǎi qiān
苟② 不 教，性 乃③ 迁。

jiào zhī dào　　　guì yǐ zhuān
教 之 道，贵 以 专。

❖注 释❖

①初：此指人刚生出时。

②苟：如果。

③乃：于是。

译 文

　　人刚出生时，天性本来是善良的，性情也都差不多，只是因为后天成长环境不同，彼此的习性才相差很远。如果对孩子不严格管教，善良的本性会慢慢改变。教育孩子最关键的一点是要求他们专心致志，持之以恒。

xī Mèng mǔ　　zé lín chǔ
昔①孟母，择邻处。

zǐ bù xué　　duàn jī zhù
子不学，断机杼②。

Dòu yān shān　　yǒu yì fāng
窦燕山③，有义方④。

jiào wǔ zǐ　　míng jù yáng
教五子，名俱扬。

注释

①昔：过去。

②机杼：机，织布机；杼，梭子。

③窦燕山：人名，五代时人。

④义方：善举。

译文

　　从前，孟子的母亲为了孟子有一个好的学习环境，曾三次搬家。一次孟子逃学，孟母就剪断织布机上的梭子来教训儿子。

　　五代时，燕山人窦禹钧有善举，他教育儿子很有方法，他的五个儿子都很有成就，科举考试成功，后来名扬天下。

yǎng bú jiào　　fù zhī guò
养 不 教， 父 之 过①。

jiào bù yán　　shī zhī duò
教 不 严， 师 之 惰②。

zǐ bù xué　　fēi suǒ yí
子 不 学， 非 所 宜③。

yòu bù xué　　lǎo hé wéi
幼 不 学， 老 何 为。

注释

①过，过错。

②惰：懒惰，此指失职。

③宜：应该。

译文

　　仅仅供养儿女吃穿，而不好好教育，是父亲的过错。只是教育，但不严格要求就是做老师的失职了。

　　小孩子不肯好好学习，是很不应该的。一个人倘若小时候不好好学习，到老的时候能有什么用呢？

yù　bù　zhuó①　　bù　chéng　qì
玉　不　琢①，　不　成　器 。

rén　bù　xué　　bù　zhī　yì②
人　不　学 ，　不　知　义② 。

wéi　rén　zǐ　　fāng③　shào　shí
为　人　子 ，　方③　少　时 。

qīn④　shī　yǒu　　xí　lǐ　yí
亲④　师　友 ，　习　礼　仪 。

注释

①琢：雕刻，打磨。

②义：道义、道理。

③方：正当，正值。

④亲：亲近。

译文

　　玉不打磨雕刻，不会成为精美的器物；人不刻苦学习，就不懂得道理，不能成才。

　　做儿女的，从小就要懂得亲近老师和朋友，以便从他们那里学习到许多为人处事的礼节和知识。

xiāng jiǔ líng　　néng wēn xí
香九龄，能温席。

xiào yú qīn　　suǒ dāng zhí①
孝于亲，所当执①。

róng sì suì　　néng ràng lí
融四岁，能让梨。

dì② yú zhǎng　　yí xiān zhī
弟②于长，宜先知。

shǒu xiào tì　　cì jiàn③ wén④
首孝悌，次见③闻④。

注释

①执：做，执行。

②弟：同"悌"，指弟弟尊敬哥哥。

③见：看见。　④闻：听到。

译文

东汉人黄香，九岁时就知道孝敬父亲，冬天用自己的身体替父亲暖被窝。孝顺父母，这是每个儿女都应该做的。

汉代人孔融四岁时，就知道把大的梨让给哥哥吃，这种尊敬兄长的道理，是每个人从小就应该知道的。

一个人首先要懂得孝敬父母和友爱兄弟的道理，接下来要增长自己的见闻。

知 某 数 ， 识 某 文①。
一 而②十 ， 十 而 百 。
百 而 千 ， 千 而 万 。
三 才 者 ， 天 地 人 。
三 光 者 ， 日 月 星 。

注释

①文：指文理，文字。
②而：连词。

译 文

　　要知道基本的算术和高深的数学，以及识字和明白数理的变化。学习要循序渐进，由浅而深地提高自己，像数字十个一是十，十个十是一百，十个一百是一千，十个一千是一万，以此类推，无穷无尽，成就人生的大境界。古书上所说的"三才"指的是天、地、人三个方面。"三光"就是指太阳、月亮、星星。

sān gāng zhě　　jūn chén yì
三 纲①者，君 臣 义。

fù zǐ qīn　　fū fù shùn
父 子 亲，夫 妇 顺②。

yuē chūn xià　　yuē qiū dōng
曰 春 夏，曰 秋 冬。

cǐ sì shí　　yùn bù qióng
此 四 时，运③不 穷④。

注释

①纲：纲领，法则。
②顺：和睦、圆满。
③运：运转，运行。
④穷：尽，尽头。

译文

三纲是人与人之间应该遵守的三个行为准则，就是君王与臣子的言行要合乎义理，父母子女之间相亲相爱，夫妻之间和睦相处。

春、夏、秋、冬叫做四季。这四个季节不断变化，春去夏来，秋去冬来，如此循环往复，永不停止。

yuē nán běi， yuē xī dōng。
曰 南 北 ， 曰 西 东 。

cǐ sì fāng yìng hū zhōng
此 四 方 ， 应 乎 中①。

yuē shuǐ huǒ mù jīn tǔ
曰 水 火 ， 木 金 土 。

cǐ wǔ xíng běn hū shù
此 五 行 ， 本②乎 数 。

注释

①中：中央，中心。
②本：根本，起源。

译文

　　东、南、西、北叫作"四方"，是指各个方向的位置。这四个方位，必须以中央位置为基准，才能把各个方位定出来。

　　"五行"就是金、木、水、火、土。这是中国古代用来指宇宙各种事物的抽象概念，根本来源于天数。

曰仁①义，礼智信。

此五常，不容紊②。

稻粱菽③，麦黍④稷⑤。

此六谷，人所食。

注释

①仁：有爱心。

②紊：混乱。

③菽：豆类的总称。

④黍：黍子，去皮后叫黄米。

⑤稷：谷物一类的粮食作物。

译文

如果所有的人都能以仁、义、礼、智、信这五种不变的法则做为处事的标准，社会就会永保祥和，所以每个人都应遵守，不可混乱疏忽。

人类生活中的主食有的来自植物，稻、粱、菽、麦、黍、稷统称为六谷，这些是我们日常生活的重要食品。

mǎ　niú　yáng　　　jī　quǎn　shǐ
马　牛　羊　，　鸡　犬　豕①。

cǐ　liù　chù　　　rén　suǒ　sì
此　六　畜　，　人　所　饲②。

yuē　xǐ　nù　　　yuē　āi　jù
曰　喜　怒　，　曰　哀　惧。

ài　wù　yù　　　qī　qíng　jù
爱　恶　欲　，　七　情　具③。

注释

①豕：猪。

②饲：喂养。

③具：具备。

译文

在动物中有马、牛、羊、鸡、狗和猪，叫做六畜。这些动物本来都是野生的，后来被人们渐渐驯化，成为人类饲养的家畜。

高兴叫做喜，生气叫做怒，难过叫做哀，害怕叫做惧，心里喜欢叫爱，讨厌叫恶。内心很贪恋叫做欲，合起来叫七情。这是人生下来就有的七种感情。

匏^①土革，木石金。
páo tǔ gé mù shí jīn

丝与竹，乃八音。
sī yǔ zhú nǎi bā yīn

高^②曾^③祖^④，父而身^⑤。
gāo zēng zǔ fù ér shēn

身而子，子而孙。
shēn ér zǐ zǐ ér sūn

注 释

①匏：匏瓜，可做乐器。

②高：曾祖父的父亲，即高祖父。

③曾：祖父的父亲，即曾祖父。

④祖：父亲的父亲，即祖父。

⑤身：自己。

译 文

我国古代人把制造乐器的材料，分为八种，即匏瓜、黏土、皮革、木块、石头、金属、丝线与竹子，用这八种材料制成的八类乐器被称为"八音"。

由高祖父生曾祖父，曾祖父生祖父，祖父生父亲，父亲生我，我生儿子，儿子再生孙子。

zì　　zǐ　　sūn　　　　zhì　　xuán　　zēng
自　子　孙　，　至　玄　曾①。

nǎi　　jiǔ　　zú　　　　rén　　zhī　　lún
乃　九　族　，　人　之　伦②。

fù　　zǐ　　ēn　　　　fū　　fù　　cóng
父　子　恩　，　夫　妇　从　。

xiōng　　zé　　yǒu　　　　dì　　zé　　gōng
兄　则　友　，　弟　则　恭③。

注释

①至玄曾：孙之子称为
曾孙，曾孙之子称为玄孙。

②伦：排列顺序。

③恭：恭敬。

译 文

　　由儿子、孙子再接下去，就是曾孙和玄孙。从高祖父到
玄孙称为"九族"，代表着人的长幼尊卑秩序和家庭血统的
继承关系。

　　父亲与儿子之间要有恩情，夫妻之间的感情要和顺，哥
哥对弟弟要友爱，弟弟对哥哥则要尊敬。

zhǎng yòu xù　　yǒu yǔ péng
长 幼 序①，友 与 朋 。

jūn zé jìng　　chén zé zhōng
君 则 敬，臣 则 忠 。

cǐ shí yì　　rén suǒ tóng
此 十 义，人 所 同 。

fán xùn méng　　xū jiǎng jiu
凡 训 蒙②，须 讲 究 。

xiáng xùn gǔ　　míng jù dòu
详 训 诂③，明 句 读 。

注释

①序：次序。
②训蒙：指儿童启蒙教育。
③训诂：解释古书字句的意义。

译文

　　年长的和年幼的人交往要注意长幼尊卑的次序，朋友相处应该互相讲信用。如果君主能尊重他的臣子，臣子就会对他忠心耿耿。前面提到的十义：父慈、子孝、夫和、妻顺、兄友、弟恭、朋信、友义、君敬、臣忠，这是人人都应遵守的。

　　凡是教导刚入学的儿童，必须把每个字都讲清楚，每句话都要解释明白，并且使学童读书时懂得断句。

wéi xué zhě　　bì yǒu chū
为 学 者 ， 必 有 初①。

xiǎo xué② zhōng　　zhì sì shū
《小 学②》终 ， 至 "四 书③"。

lún yǔ zhě　　èr shí piān
《论 语④》者 ， 二 十 篇 。

qún dì zǐ　　jì shàn yán
群 弟 子 ， 记 善 言 。

注 释

①初：开始。

②小学：书名，宋人朱熹著。

③四书：指《论语》、《孟子》、《大学》、《中庸》这
四部书。

④论语：孔子传道之书。论是议论，语是答话。

译 文

　　作为一个求学的人，求学的初期应该打好基础，首先要
读朱熹的《小学》，然后才可以读"四书"。

　　《论语》这本书共有二十篇，是孔子的弟子们记载的有
关孔子精辟的言论、思想。

mèng zǐ　　zhě　qī piān zhǐ
《孟子①》者，七篇止②。

jiǎng dào dé　　shuō rén yi
讲道德，说仁义。

zuò zhōng yōng　　Zǐ sī bǐ
作《中庸》，子思笔。

zhōng bù piān　　yōng bú yì
中不偏③，庸不易④。

注释

①孟子：书名，孟子著。

②止：结束。

③偏：不正。

④易：改变。

译文

《孟子》这本书是孟轲所作，共有七篇。内容也是有关品行修养、发扬道德仁义的言论。

《中庸》这本书的作者是孔子的孙子子思，《中庸》讲述的是不偏不倚，不要太过，也不要不及的永不改变的天下至理。

zuò dà xué　　nǎi Zēng zǐ
作《大学①》，乃曾子。

zì xiū qí　　zhì píng zhì
自修齐②，至平治③。

xiào jīng tōng　　sì shū shú
《孝经④》通，"四书"熟。

rú liù jīng　　shǐ kě dú
如"六经"，始可读。

注释

①大学：书名，孔子学生曾参著。

②修齐：修身齐家。

③平治：治国平天下。

④孝经：书名。

译文

《大学》这本书的作者是孔子的学生曾参，他提出了"修身齐家治国平天下"的为人立世的主张。

把"四书"读熟了，《孝经》的道理弄明白了，才可以去读"六经"这样深奥的书。

《诗》《书》《易》，《礼①》《春秋》，

号"六经"，当讲求。

有《连山②》，有《归藏③》，

有《周易④》，三易详。

注释

①礼：指《礼记》、《周礼》两本书。

②连山③归藏④周易：均为书名。

译 文

《诗经》、《尚书》、《易经》、《礼记》、《周礼》、《春秋》总称六经，这是中国古代儒家的重要经典，应当仔细阅读。

《连山》、《归藏》、《周易》，是我国古代的三部书，这三部书合称"三易"，"三易"是用"卦"的形式来说明宇宙间万事万物循环变化的道理的，应认真研读。

yǒu diǎn mó   yǒu xùn gào
有 典①谟②，有 训③诰④。

yǒu shì mìng   shū zhī ào
有 誓⑤命⑥，书 之 奥⑦。

wǒ zhōu gōng   zuò zhōu lǐ
我 周 公⑧，作《周礼⑨》。

zhù liù guān   cún zhì tǐ
著 六 官，存 治 体 。

注 释

①典②谟③训④诰⑤誓⑥命：都是古代文体形式。

⑦奥：深奥。

⑧周公：姓姬名旦，周文王儿子。

⑨周礼：书名，周公著。

⑩六官：天官、地官、春官、夏官、秋官、冬官。

译 文

《尚书》是指上古到西周的文献汇集，义理很深奥。它的内容分六个部分：一典，是立国的基本原则；二谟，即治国计划；三训，即大臣的态度；四诰，即国君的通告；五誓，指起兵文告；六命，指国君的命令。

周公著了《周礼》，记载着当时六官的官制以及国家的组成情况。

dà xiǎo Dài　　zhù lǐ jì
大 小 戴①， 注《礼记》，

shù shèng yán　　lǐ yuè bèi
述 圣 言， 礼 乐 备②。

yuē guó fēng　　yuē yǎ sòng
曰"国风"， 曰"雅""颂"，

hào sì shī　　dāng fěng yǒng
号"四诗"， 当 讽 咏③。

注 释

①大小戴：指西汉大儒戴德和侄子戴圣。

②备：齐备。

③讽咏：有感情、有节奏地诵读。

译 文

　　戴德和戴圣整理并且注释《礼记》，这使后代人知道了前代的典章制度和有关礼乐的情形。

　　《诗经》分为《国风》、《大雅》、《小雅》、《颂》，合称四诗，它是内容丰富、感情深切的诗歌，值得后人去背诵吟咏。

shī jì wáng　　Chūn qiū zuò
《诗》既亡，《春秋》作，

yù bāo biǎn①　　bié shàn è
寓褒贬①，别善恶。

sān zhuàn zhě　　yǒu Gōng yáng
三传者，有公羊②，

yǒu Zuǒ shì③　　yǒu Gǔ liáng
有左氏③，有穀梁④。

注释

①褒贬：褒，表扬；贬，批评。

②公羊：公羊高。

③左氏：左丘明。

④穀梁：穀梁赤。

译 文

后来由于周朝的衰落，《诗经》也就跟着被冷落了，有些诗被逸失了。后来孔子就作了《春秋》，在这本书中隐含着对现实政治的褒贬以及对善恶行为的分辨。

三传就是公羊高所著的《公羊传》，左丘明所著的《左传》和穀梁赤所著的《穀梁传》，它们都是解释《春秋》的书。

经既①明，方读子，

撮②其要，记其事。

五子者，有荀扬，

文中子，及老庄。

注释

①既：已经。

②撮：摘取，提取。

译　文

经传都读熟了，然后读诸子百家的书。读时要归纳要点，并且要记住书中的事例。

五子是指荀子、扬子、文中子、老子和庄子。他们所写的书，被称为子书。

jīng zǐ tōng, dú zhū shǐ①
经 子 通， 读 诸 史①。

kǎo shì xì② zhī zhōng shǐ
考 世 系②， 知 终 始。

zì xī nóng, zhì Huáng dì
自 羲 农， 至 黄 帝。

hào sān huáng, jū shàng shì
号 三 皇， 居 上 世。

注 释

①史：史书。
②世系：家族传承的谱系。

译 文

经书和子书读熟了以后，再读史书。读史时必须要清楚各朝各代的世系，明白他们盛衰的原因，才能从历史中吸取教训。

自伏羲氏、神农氏到黄帝轩辕氏，这三位上古时代的帝王都勤政爱民、非常伟大，因此后人尊称他们为"三皇"。

Táng yǒu Yú，hào èr dì。
唐 有 虞，号 二 帝。

xiāng yī xùn，chēng shèng shì。
相 揖 逊①，称 盛 世。

Xià yǒu Yǔ，Shāng yǒu Tāng，
夏 有 禹，商 有 汤，

Zhōu Wén Wǔ，chēng sān wáng。
周 文 武，称 三 王。

注 释

①逊：让，退位。

盛世

译 文

黄帝之后，有唐尧和虞舜二位帝王，尧认为自己的独生子不肖，而把帝位传给了才德兼备的舜，在两位帝王治理下，天下太平，后人将那个时代称为盛世。

夏朝的开国君主是禹，商朝的开国国君是汤，周朝的开国君主是文王和武王。这几个德才兼备的君王被后人称为三王。

Xià chuán zǐ　　jiā tiān xià
夏 传 子 ，　家 天 下①。

sì bǎi zǎi　　qiān Xià shè
四 百 载 ，　迁 夏 社②。

Tāng fá Xià　　guó hào Shāng
汤 伐 夏 ，　国 号 商 。

liù bǎi zǎi　　zhì Zhòu wáng
六 百 载 ，　至 纣③亡 。

注释

①家天下：夏以前是禅让制，自夏开始世袭制。夏禹不传贤而传子，就是家天下。

②社：社稷，原指古代君主所祭祀的土地神和谷神，后来用作国家的代称。

③纣：商纣王，商朝末代君主，残暴荒淫。

译文

禹把帝位传给了自己的儿子，从此天下就成为一个家族所有了。经过四百多年，夏被汤灭掉，从而结束了夏的统治。

商汤起兵灭夏，建立商朝。商朝前后延续六百多年，到纣王时灭亡。

Zhōu Wǔ wáng，shǐ zhū Zhòu。
周 武 王 ， 始 诛① 纣 。

bā bǎi zǎi，zuì cháng jiǔ。
八 百 载 ， 最 长 久 。

Zhōu zhé dōng，wáng gāng zhuì。
周 辙② 东 ， 王 纲 坠 。

chěng gān gē，shàng yóu shuì。
逞③ 干 戈 ， 尚④ 游 说 。

注释

①诛：杀死（有罪的人）。

②辙：此指迁移。

③逞：显示，炫耀。

④尚：推崇。

译文

周武王起兵灭掉商朝，杀死纣王，建立周朝。周朝的历史最长，一共延续了八百多年。

自从周平王东迁国都后，对诸侯的控制力就越来越弱了。诸侯国之间时常发生战争，而游说之风也开始盛行。

shǐ Chūn qiū，zhōng Zhàn guó。
始 春 秋 ， 终 战 国 。

wǔ bà qiáng，qī xióng chū。
五 霸 强 ， 七 雄 出 。

Yíng Qín shì①，shǐ jiān bìng。
嬴 秦 氏① ， 始 兼 并 。

chuán èr shì②，Chǔ Hàn zhēng。
传 二 世② ， 楚 汉③ 争 。

注释

①嬴秦氏：指秦始皇嬴政。

②二世：名胡亥，秦始皇儿子。

③楚汉：楚，西楚霸王项羽；汉，汉高祖刘邦。

译文

东周分为两个阶段，前期称为春秋时期，后期称为战国时期。春秋时的齐桓公、宋襄公、晋文公、秦穆公和楚庄王史称五霸。战国的七雄分别为齐、楚、燕、韩、赵、魏、秦。

战国末年，秦国的势力日渐强大，秦王嬴政把其他诸侯国都灭掉了，建立了统一的秦朝。秦二世胡亥统治时期，天下又开始大乱，最后形成楚汉相争的局面。

gāo zǔ xīng　　Hàn yè jiàn
高 祖①兴 ， 汉 业 建 。

zhì Xiào píng　　Wáng mǎng cuàn
至 孝 平 ， 王 莽 篡②。

Guāng wǔ xīng　　wéi Dōng Hàn
光 武③兴 ， 为 东 汉 。

sì bǎi nián　　zhōng yú xiàn
四 百 年 ， 终 于 献④。

注释

①高祖：汉高祖刘邦。

②篡：用不正当手段夺取。

③光武：汉光武帝刘秀。

④献：汉献帝。

译文

汉高祖刘邦兴起，建立汉朝。到了汉孝平帝时，就被王莽篡夺了王位。

汉光武帝刘秀消灭王莽，恢复国号为汉，史称东汉。西汉、东汉两个时期共延续四百年，到汉献帝的时候灭亡。

Wèi Shǔ Wú　　zhēng Hàn dǐng
魏 蜀 吴 ， 争 汉 鼎①，

hào Sān Guó　　　qì liǎng Jìn
号 三 国 ， 迄② 两 晋 。

Sòng Qí jì　　Liáng Chén chéng
宋 齐 继 ， 梁 陈 承 ，

wéi Nán Cháo　　dū Jīn líng
为 南 朝③， 都 金 陵④。

注 释

①鼎：古代为传国的宝器，比喻王位、帝业。
②迄：到。
③南朝：宋、齐、梁、陈都建都南京，史称南朝。
④金陵：南京。

译 文

东汉末年，魏国、蜀国、吴国争夺天下，形成三国鼎立的局面。后来魏灭了蜀国和吴国，但被司马炎篡夺了帝位，建立了晋朝。晋又分为东晋和西晋两个时期。

晋朝衰亡，宋、齐相继建立，梁、陈接着建国，史称南朝，国都建在金陵。

Běi Yuán Wèi　　fēn dōng xī
北①元 魏 ， 分 东 西 ，

Yǔ wén Zhōu　　yǔ Gāo Qí
宇 文 周 ， 与 高 齐 。

dài zhì Suí③　　yì tǔ yǔ
迨②至 隋③， 一 土 宇④，

bú zài chuán　　shī tǒng xù
不 再 传 ， 失 统 绪⑤。

注释

①北：指北朝。　②迨：等到。

③隋：隋文帝杨坚。

④一土宇：统一天下。

⑤失统绪：失去帝业。

译文

北朝先是元魏，元魏后来也分裂成东魏和西魏，西魏被宇文觉篡了位，建立了北周；东魏被高洋篡了位，建立了北齐。

后来杨坚重新统一了中国，建立了隋朝，历史上称为隋文帝。他的儿子隋炀帝杨广即位后，荒淫无道，隋朝很快就灭亡了。

Táng gāo zǔ qǐ yì shī

唐 高 祖 ，起 义 师①，

chú Suí luàn chuàng guó jī

除 隋 乱 ，创② 国 基 。

èr shí chuán sān bǎi zǎi

二 十 传 ，三 百 载 ，

Liáng miè zhī guó nǎi gǎi

梁 灭 之 ，国 乃③ 改 。

注 释

①义师：伸张正义的军队。

②创：开创。

③乃：于是。

译 文

唐高祖李渊起兵反隋，最后隋朝灭亡，他战胜了各路的反隋义军，取得了天下，建立了唐朝，开创了唐王朝的基业。

唐朝的统治近三百年，总共传了二十位皇帝。到唐末被篡位，建立了梁朝，唐朝从此灭亡。

Liáng Táng Jìn　　jí Hàn Zhōu
梁 唐 晋 ， 及 汉 周 ，

chēng Wǔ Dài①　　jiē yǒu yóu②
称 五 代① ， 皆 有 由② 。

yán Sòng xīng　　shòu Zhōu shàn
炎 宋 兴 ， 受 周 禅 。

shí bā chuán　　nán běi③ hùn
十 八 传 ， 南 北③ 混 。

注释

①五代：五个朝代，指唐朝以后的梁、唐、晋、汉、周五代。

②由：理由、原因。

③南北：南宋和北宋。

译文

后梁、后唐、后晋、后汉和后周五个朝代的更替时期，历史上称作五代，这五个朝代的兴衰都有着一定的历史原因。

赵匡胤接受了后周"禅让"的帝位，建立了宋朝。宋朝相传了十八个皇帝，分为北宋和南宋两个时期。

辽 与 金 ， 帝 号 纷 。
Liáo yǔ Jīn dì hào fēn

迨 灭 辽 ， 宋 犹 存 。
dài miè Liáo Sòng yóu cún

至 元 兴 ， 金 绪① 歇 。
zhì Yuán xīng Jīn xù xiē

有 宋 世 ， 一 同 灭 。
yǒu Sòng shì yī tóng miè

注释

①绪：国运。

译文

与宋朝同时存在的还有辽国与金国，他们的首领也号称皇帝。等到金国消灭了辽国时，宋朝依然存在。

后来，元朝兴起，消灭了金国，宋朝也被灭掉了。

lì zhōng guó jiān Róng Dí
莅①中国，兼戎狄②。

jiǔ shí nián guó zuò fèi
九十年，国祚③废。

Míng tài zǔ jiǔ qīn shī
明太祖④，久亲师。

chuán Jiàn wén fāng sì sì
传建文⑤，方四祀。

注释

①莅：到。

②戎狄：古代称西部民族为戎，称北部民族为狄。

③祚：帝位。

④明太祖：指朱元璋。

⑤建文：指建文帝。

译　文

蒙古人入主中原，征服了各少数民族，建立了统一的元帝国。然而，它只维持了短短九十年，就被农民起义军推翻，元朝政权覆灭了。

明太祖朱元璋长期亲自帅军征战，终于建立了明王朝。当帝位传到建文帝手上，他只当了四年皇帝就被朱棣赶下皇位。

qiān Běi jīng　　Yǒng lè sì
迁 北 京，　永 乐 嗣①。

dài Chóng zhēn　　méi shān shì
迨 崇 祯，　煤 山 逝。

niàn èr shǐ　　quán zài zī
廿②二 史，　全 在 兹③。

zǎi zhì luàn　　zhī xīng shuāi
载 治 乱，　知 兴 衰。

注释

①嗣：继承。

②廿：二十。

③兹：这，此。

译文

朱棣登上皇位，年号永乐，他把国都迁到北京。最后一个皇帝崇祯，因为农民起义，被迫在煤山上吊自杀，明朝灭亡。

二十二史叙述了从上古以来的古今历史，我们通过历史的记载，可以了解各朝各代的治乱兴衰。

读史者，考实录。

通①古今，若②亲目③。

口而诵，心而惟④。

朝于斯⑤，夕于斯。

注释

①通：了解。

②若：好像。

③目：看。

④惟：思考。

⑤斯：这。

译文

　　读历史的人应该更进一步地去翻阅历史资料，了解古往今来事情的真相，就好像是自己亲眼看见一样。

　　读书时，口中要念，要背诵，心中要思考，要懂得其中的道理。早早晚晚要勤奋学习，才能学好。

xī zhòng ní　　shī Xiàng tuó
昔 仲 尼①，师 项 橐②。

gǔ shèng xián　　shàng qín xué
古 圣 贤 ，尚 勤 学 。

Zhào zhōng lìng　　dú lǔ lún
赵 中 令③，读 鲁 论④。

bǐ jì shì　　xué qiě qín
彼 既 仕 ，学 且 勤 。

注释

①仲尼：孔子名丘，字仲尼，春秋时代鲁国人。
②项橐：相传孔子曾向七岁的项橐学琴艺。
③赵中令：赵普，曾任中书令。
④鲁论：即《论语》。

译文

　　从前，孔子是个十分好学的人，当时鲁国有一位神童名叫项橐，孔子就曾向他学习。像孔子这样伟大的圣贤，尚不忘勤学，何况普通人呢？

　　宋朝时的赵普，他已经当上了中书令，天天还手不释卷地阅读论语，不因为自己已经当上高官而忘记勤奋学习。

pī pú biān
披 蒲 编①，

xiāo zhú jiǎn
削 竹 简②。

bǐ wú shū
彼 无 书，

qiě zhī miǎn
且 知 勉。

tóu xuán liáng
头 悬 梁③，

zhuī cì gǔ
锥 刺 股④。

bǐ bú jiào
彼 不 教，

zì qín kǔ
自 勤 苦。

注释

①蒲编：用蒲草做的书。

②竹简：竹子削成竹片，用来写字。

③梁：指房梁。

④股：大腿。

译文

西汉时路温舒把文字抄在蒲草编成的席子上阅读。公孙弘将《春秋》写在竹子削成的竹片上来诵读。他们两人都买不起书，但还不忘勤奋学习。

晋朝的孙敬夜晚读书时把自己的头发拴在屋梁上，以免打瞌睡。战国时苏秦读书，每到疲倦时就用锥子刺大腿，他们不用别人督促而能自觉勤奋苦读。

rú náng yíng　　rú yìng xuě
如 囊 萤①，如 映 雪 。

jiā suī pín　　xué bú chuò
家 虽 贫 ，学 不 辍② 。

rú fù xīn　　rú guà jiǎo
如 负 薪③，如 挂 角④ 。

shēn suī láo　　yóu kǔ zhuó
身 虽 劳 ，犹 苦 卓⑤ 。

注 释

①囊萤：用袋子装萤火虫。

②辍：停止。　　③负薪：负，背；薪，柴草。

④角：牛角。

⑤卓：卓越，超出一般。

译 文

晋朝人车胤，家中贫寒，夜读时无油点灯，于是把萤火虫放在纱袋里照明读书。孙康家没有灯，夜晚利用积雪的反光来读书。他们两人没有因为家境贫苦而辍学。

汉朝的朱买臣，以砍柴维持生活，每天边担柴边读书。隋朝李密放牛把书挂在牛角上，有时间就读。他们虽然身体很劳累，但在艰苦的环境里仍坚持不懈，后来都大有成就。

Sū lǎo quán　　èr shí qī
苏 老 泉①，二 十 七 。

shǐ fā fèn　　dú shū jí
始 发 愤 ，读 书 籍 。

bǐ jì lǎo　　yóu huǐ chí
彼 既② 老 ，犹 悔 迟 。

ěr xiǎo shēng　　yí zǎo sī
尔③ 小 生④ ，宜 早 思 。

注 释

①苏老泉：苏洵，号老泉。
②既：已经。
③尔：你，你们。
④小生：年轻人。

译 文

唐宋八大家之一的苏洵，小时候不想念书，到了二十七岁的时候，才开始下决心努力学习，后来成了大学问家。

像苏老泉上了年纪，才后悔当初没好好读书，而你们这些年轻人，更应该把握大好时光，发奋读书。

若^①梁灏，　八十二。
ruò　Liáng　hào　　　bā　shí　èr

对大廷，　魁^②多士。
duì　dà　tíng　　　kuí　duō　shì

彼既成，　众称异。
bǐ　jì　chéng　　　zhòng　chēng　yì

尔小生，　宜立志。
ěr　xiǎo　shēng　　　yí　lì　zhì

注释

①若：如。
②魁：第一名。

译文

　　生于五代的梁灏，八十二岁时在朝廷进士考试中对答如流，中了状元。梁灏这么大年纪，尚能获得成功，不能不使大家感到惊异。你们应该趁着年轻的时候，立定志向，努力用功，一定会前途无量。

莹八岁，能咏①诗。

泌七岁，能赋棋。

彼颖②悟③，人称奇。

尔幼学，当效④之。

注 释

①咏：吟唱，吟诵。②颖：聪明。

③悟：领悟。④效：效仿。

译 文

北齐有个叫祖莹的人，八岁就能吟诗，后来当了秘书监著作郎。唐朝有个叫李泌的人，七岁时就能以下棋为题而作出诗赋。

他们两个人的聪明才智，当时的人都称神奇。现在你们正是求学的时候，应该效法他们，从小努力学习，多读书，勤思考。

Cài wén jī　　　　néng biàn qín
蔡 文 姬①，　能 辨 琴 。

Xiè dào yùn　　　néng yǒng yín
谢 道 韫②，　能 咏 吟 。

bǐ nǚ zǐ　　　　qiě cōng mǐn
彼 女 子 ，　且 聪 敏 。

ěr nán zǐ　　　　dāng zì jǐng
尔 男 子 ，　当 自 警③。

>注释◀

①蔡文姬：汉朝著名文学家蔡邕的女儿。
②谢道韫：晋朝著名才女，小时能吟诗作对。
③警：警醒。

译 文

东汉末年的蔡文姬能分辨琴声好坏，晋朝的才女谢道韫则能出口成诗。

像这样的两个女子，一个懂音乐，一个会作诗，天资如此聪慧；身为一个男子汉，更要时时用她们的故事来警示自己。

Táng Liú yàn　fāng qī suì
唐 刘 晏 ， 方 七 岁 。

jǔ shén tóng　zuò zhèng zì①
举 神 童 ， 作 正 字①。

bǐ suī yòu　shēn yǐ shì
彼 虽 幼 ， 身 已 仕 。

ěr yòu xué　miǎn ér zhì
尔 幼 学 ， 勉 而 致 。

yǒu wéi zhě　yì ruò shì
有 为 者 ， 亦 若 是 。

注 释

①正字：官名。

译 文

　　唐朝有一个名叫刘晏的小孩子，只有七岁，就被推举为神童，并且做了负责刊正文字的官。

　　刘晏虽然年纪小，但已经做了官，担当国家给他的重任。你们这些年幼少年，要想成为一个有用的人，只要从小勤奋好学，也可以和刘晏一样成为国家栋梁。

quǎn shǒu yè　　jī sī chén
犬 守 夜 ，　鸡 司① 晨 。

gǒu bù xué　　hé wéi rén
苟 不 学 ，　曷② 为 人 ？

cán tǔ sī　　fēng niàng mì
蚕 吐 丝 ，　蜂 酿 蜜 。

rén bù xué　　bù rú wù
人 不 学 ，　不 如 物③ 。

注释

①司：掌管。

②曷：怎么。

③物：此指小动物。

译 文

狗在夜间替人看守家门，鸡在每天早晨天亮时报晓，人如果不能用心学习、迷迷糊糊过日子，有什么资格称为人呢？

蚕吐丝以供我们做衣服，蜜蜂可以酿制蜂蜜，供人们食用。而人要是不懂得学习，以自己的知识、技能来实现自己的价值，简直连这些小动物都不如了。

幼而学，壮①而行。

上致君，下泽②民。

扬名声，显③父母。

光于前，裕④于后。

注释

①壮：壮年。

②泽：恩惠。

③显：显耀。

④裕：富裕，这里指使……得到富足恩惠。

译文

我们要在幼年时就努力学习，长大后能够学以致用，上可替国家效力，下可为人民谋福利。

如果你为人民做出应有的贡献，人民就会赞扬你，而且父母也可以得到你的荣耀，既给祖先增添了光彩，也给后代留下了恩惠。

rén yí zǐ jīn mǎn yíng
人 遗① 子 ， 金 满 籝 。

wǒ jiào zǐ wéi yì jīng
我 教 子 ， 惟 一 经 。

qín yǒu gōng xì wú yì
勤 有 功 ， 戏② 无 益 。

jiè zhī zāi yí miǎn lì
戒③ 之 哉 ， 宜 勉 力 。

注 释

①遗：留下。
②戏：玩乐。
③戒：防备。

译 文

有的人遗留给子孙后代的是金银财宝，而我并不这样，我只以一部经书教育孩子，希望他们能精于读书，长大后做个有所作为的人。

反复讲了许多道理，只是告诉孩子们，凡是勤奋上进的人，都会有好的收获。而只顾贪玩，浪费了大好时光是一定要后悔的。在这里告诫大家，希望大家勤奋努力。

百家姓

Zhào	Qián	Sūn	Lǐ	Zhōu	Wú	Zhèng	Wáng
赵	钱	孙	李	周	吴	郑	王
Féng	Chén	Chǔ	Wèi	Jiǎng	Shěn	Hán	Yáng
冯	陈	褚	卫	蒋	沈	韩	杨
Zhū	Qín	Yóu	Xǔ	Hé	Lǚ	Shī	Zhāng
朱	秦	尤	许	何	吕	施	张
Kǒng	Cáo	Yán	Huà	Jīn	Wèi	Táo	Jiāng
孔	曹	严	华	金	魏	陶	姜
Qī	Xiè	Zōu	Yù	Bǎi	Shuǐ	Dòu	Zhāng
戚	谢	邹	喻	柏	水	窦	章

Yún	Sū	Pān	Gě	Xī	Fàn	Péng	Láng
云	苏	潘	葛	奚	范	彭	郎
Lǔ	Wéi	Chāng	Mǎ	Miáo	Fèng	Huā	Fāng
鲁	韦	昌	马	苗	凤	花	方
Yú	Rén	Yuán	Liǔ	Fēng	Bào	Shǐ	Táng
俞	任	袁	柳	酆	鲍	史	唐
Fèi	Lián	Cén	Xuē	Léi	Hè	Ní	Tāng
费	廉	岑	薛	雷	贺	倪	汤
Téng	Yīn	Luó	Bì	Hǎo	Wū	Ān	Cháng
腾	殷	罗	毕	郝	邬	安	常

Yuè	Yú	Shí	Fù	Pí	Biàn	Qí	Kāng
乐	于	时	傅	皮	卞	齐	康
Wǔ	Yú	Yuán	Bǔ	Gù	Mèng	Píng	Huáng
伍	余	元	卜	顾	孟	平	黄
Hé	Mù	Xiāo	Yǐn	Yáo	Shào	Zhàn	Wāng
和	穆	萧	尹	姚	邵	湛	汪
Qí	Máo	Yǔ	Dí	Mǐ	Bèi	Míng	Zāng
祁	毛	禹	狄	米	贝	明	臧
Jì	Fú	Chéng	Dài	Tán	Sòng	Máo	Páng
计	伏	成	戴	谈	宋	茅	庞

Xióng	Jǐ	Shū	Qū	Xiàng	Zhù	Dǒng	Liáng
熊	纪	舒	屈	项	祝	董	梁
Dù	Ruǎn	Lán	Mǐn	Xí	Jì	Má	Qiáng
杜	阮	蓝	闵	席	季	麻	强
Jiǎ	Lù	Lóu	Wēi	Jiāng	Tóng	Yán	Guō
贾	路	娄	危	江	童	颜	郭
Méi	Shèng	Lín	Diāo	Zhōng	Xú	Qiū	Luò
梅	盛	林	刁	钟	徐	邱	骆
Gāo	Xià	Cài	Tián	Fán	Hú	Líng	Huò
高	夏	蔡	田	樊	胡	凌	霍

虞 万 支 柯　昝 管 卢 莫
Yú Wàn Zhī Kē　Zǎn Guǎn Lú Mò

经 房 裘 缪　干 解 应 宗
Jīng Fáng Qiú Miào　Gān Xiè Yīng Zōng

丁 宣 贲 邓　郁 单 杭 洪
Dīng Xuān Bēn Dèng　Yù Shàn Háng Hóng

包 诸 左 石　崔 吉 钮 龚
Bāo Zhū Zuǒ Shí　Cuī Jí Niǔ Gōng

程 嵇 邢 滑　裴 陆 荣 翁
Chéng Jī Xíng Huá　Péi Lù Róng Wēng

荀 羊 於 惠　甄 曲 家 封
Xún Yáng Yú Huì　Zhēn Qū Jiā Fēng

芮 羿 储 靳　汲 邴 糜 松
Ruì Yì Chǔ Jìn　Jí Bǐng Mí Sōng

井 段 富 巫　乌 焦 巴 弓
Jǐng Duàn Fù Wū　Wū Jiāo Bā Gōng

牧 隗 山 谷　车 侯 宓 蓬
Mù Kuí Shān Gǔ　Chē Hóu Mì Péng

全 郗 班 仰　秋 仲 伊 宫
Quán Xī Bān Yǎng　Qiū Zhòng Yī Gōng

Nìng	Qiú	Luán	Bào	Gān	Tǒu	Lì	Róng
宁	仇	栾	暴	甘	钭	厉	戎
Zǔ	Wǔ	Fú	Liú	Jǐng	Zhān	Shù	Lóng
祖	武	符	刘	景	詹	束	龙
Yè	Xìng	Sī	Sháo	Gào	Lí	Jì	Bó
叶	幸	司	韶	郜	黎	蓟	薄
Yìn	Sù	Bái	Huái	Pú	Tái	Cóng	È
印	宿	白	怀	蒲	邰	从	鄂
Suǒ	Xián	Jí	Lài	Zhuó	Lìn	Tú	Méng
索	咸	籍	赖	卓	蔺	屠	蒙

Chí	Qiáo	Yīn	Yù	Xū	Nài	Cāng	Shuāng
池	乔	阴	郁	胥	能	苍	双
Wén	Shēn	Dǎng	Zhái	Tán	Gòng	Láo	Páng
闻	莘	党	翟	谭	贡	劳	逄
Jī	Shēn	Fú	Dǔ	Rǎn	Zǎi	Lì	Yōng
姬	申	扶	堵	冉	宰	郦	雍
Xì	Qú	Sāng	Guì	Pú	Niú	Shòu	Tōng
郤	璩	桑	桂	濮	牛	寿	通
Biān	Hù	Yān	Jì	Jiá	Pǔ	Shàng	Nóng
边	扈	燕	冀	郏	浦	尚	农

Wēn	Bié	Zhuāng	Yàn	Chái	Qú	Yán	Chōng
温	别	庄	晏	柴	瞿	阎	充
Mù	Lián	Rú	Xí	Huàn	Ài	Yú	Róng
慕	连	茹	习	宦	艾	鱼	容
Xiàng	Gǔ	Yì	Shèn	Gē	Liào	Yǔ	Zhōng
向	古	易	慎	戈	廖	庾	终
Jì	Jū	Héng	Bù	Dū	Gěng	Mǎn	Hóng
暨	居	衡	步	都	耿	满	弘
Kuāng	Guó	Wén	Kòu	Guǎng	Lù	Quē	Dōng
匡	国	文	寇	广	禄	阙	东

Ōu	Shū	Wò	Lì	Wèi	Yuè	Kuí	Lóng
欧	殳	沃	利	蔚	越	夔	隆
Shī	Gǒng	Shè	Niè	Cháo	Gōu	Áo	Róng
师	巩	厍	聂	晁	勾	敖	融
Lěng	Zī	Xīn	Kàn	Nā	Jiǎn	Ráo	Kōng
冷	訾	辛	阚	那	简	饶	空
Zēng	Wú	Shā	Niè	Yǎng	Jū	Xū	Fēng
曾	毋	沙	乜	养	鞠	须	丰
Cháo	Guān	Kuǎi	Xiàng	Zhā	Hòu	Jīng	Hóng
巢	关	蒯	相	查	后	荆	红

Yóu Zhú Quán Lù Gě Yì Huán Gōng
游 竺 权 逯 盖① 益 桓 公

Mò qí Sī mǎ Shàngguān Ōu yáng
★万 俟 ★司 马 ★上 官 ★欧 阳

Xià hóu Zhū gě Wén rén Dōng fāng
★夏 侯 ★诸 葛 ★闻 人 ★东 方

Hè lián Huáng fǔ Yù chí Gōng yáng
★赫 连 ★皇 甫 ★尉 迟 ★公 羊

Tán tái Gōng yě Zōng zhèng Pú yáng
★澹 台 ★公 冶 ★宗 政 ★濮 阳

Chún yú Chán yú Tài shū Shēn tú
★淳 于 ★单 于 ★太 叔 ★申 屠

Gōng sūn Zhòng sūn Xuān yuán Líng hú
★公 孙 ★仲 孙 ★轩 辕 ★令 狐

Zhōng lí Yǔ wén Zhǎng sūn Mù róng
★钟 离 ★宇 文 ★长 孙 ★慕 容

Xiān yú Lǘ qiū Sī tú Sī kōng
★鲜 于 ★闾 丘 ★司 徒 ★司 空

Qí guān Sī kòu Zhǎng Dū Zǐ chē
★亓 官 ★司 寇 仉 督 ★子 车

①盖：实应读 Gě，现多读为 Gài。

注：带★号者为复姓，以下同。

★颛孙 ★端木 ★巫马 ★公西
Zhuān sūn　Duān mù　Wū mǎ　Gōng xī

★漆雕 ★乐正 ★壤驷 ★公良
Qī diāo　Yuè zhèng　Rǎng sì　Gōng liáng

★拓跋 ★夹谷 ★宰父 ★谷梁
Tuò bá　Jiá gǔ　Zǎi fǔ　Gǔ liáng

晋楚 闫法 汝鄢涂钦
Jìn Chǔ Yán Fǎ　Rǔ Yān Tú Qīn

★段干 ★百里 ★东郭 ★南门
Duàn gān　Bǎi lǐ　Dōng guō　Nán mén

★呼延归海 ★羊舌 ★微生
Hū yán Guī Hǎi　Yáng shé　Wēi shēng

岳帅缑亢 ★况后有琴
Yuè Shuài Gōu Kàng　Kuàng hòu Yǒu Qín

★梁丘 ★左丘 ★东门 ★西门
Liáng qiū　Zuǒ qiū　Dōng mén　Xī mén

商牟佘佴伯赏 ★南宫
Shāng Móu Shé Nài Bó Shǎng　Nán gōng

墨哈谯笪 年爱阳佟
Mò Hǎ Qiáo Dá　Nián Āi Yáng Tóng

★第五言福 百家姓终
Dì wǔ Yán Fú　bǎi jiā xìng zhōng

国学启蒙经典必读·三字经 百家姓 千字文 弟子规 论语精选

千字文

tiān dì xuán huáng
天 地 玄 黄 ，

yǔ zhòu hóng huāng
宇 宙 洪 荒 。

rì yuè yíng zè
日 月 盈① 昃② ，

chén xiù liè zhāng
辰 宿③ 列 张 。

注释

①盈：月光圆满。
②昃：太阳西斜。
③辰宿：星宿。

译文

开天辟地的时候，天是黑红色的，地是黄褐色的，宇宙形成于混沌蒙昧的状态中。太阳东升西落，月亮圆了又缺，星辰布满在无边的太空中。

hán lái shǔ wǎng
寒 来 暑 往 ，

qiū shōu dōng cáng
秋 收 冬 藏 。

rùn yú chéng suì
闰 余 成 岁 ，

lù lǚ tiáo yáng
律 吕① 调 阳 。

注释

①律吕：古人用来确定乐音的竹管。中国古代将一个八度分为十二个不完全相等的半音，从低到高每个半音称为一律，其中奇数的音叫做"律"，偶数的音叫做"吕"，总称"六律"、"六吕"，简称"律吕"。此指用律吕预测节气。

译文

寒暑变换，冬去春来；秋天收割庄稼，冬天储藏粮食。历法上通过闰月调整一年的天数，古人用六律六吕来调节阴阳。

yún téng zhì yǔ
云 腾 致 雨，

lù jié wéi shuāng
露 结 为 霜。

jīn shēng lí shuǐ
金 生 丽 水①，

yù chū kūn gāng
玉 出 昆 冈②。

注释

①丽水：即丽江，又名金沙江，出产黄金。
②昆冈：昆仑山。

译文

云气上升遇冷就形成了雨，夜里露水遇冷就凝结成霜。黄金产在金沙江，玉石出在昆仑山。

jiàn hào jù què
剑号巨阙①，

zhū chēng yè guāng
珠称夜光②。

guǒ zhēn lǐ nài
果珍李奈③，

cài zhòng jiè jiāng
菜重芥姜。

注释

①巨阙：越王允常命欧冶子铸造了五把宝剑，而以巨阙最佳。

②夜光：珠名，夜光珠。

③奈：古书上类似花红的果子。

译文

最锋利的宝剑叫"巨阙"，最贵重的明珠叫"夜光"。水果里最珍贵的是李子和奈子，蔬菜中最重要的是芥菜和生姜。

hǎi xián hé dàn
海 咸 河 淡 ，

lín qián yǔ xiáng
鳞 潜 羽 翔 。

lóng shī huǒ dì
龙 师① 火 帝② ，

niǎo guān rén huáng
鸟 官③ 人 皇④ 。

注 释

①龙师：相传伏羲氏用龙给百官命名，因此人们叫他"龙师"。

②火帝：神农氏用火给百官命名，因此叫他"火帝"。

③鸟官：少昊（hào）氏用鸟给百官命名，因此叫他"鸟官"。

④人皇：传说中的三皇之一。相传古时有三皇：天皇、地皇、人皇。

译 文

海水是咸的，河水是淡的，鱼儿在水中游，鸟儿在空中飞。龙师、火帝、鸟官、人皇，这都是上古时代的帝皇官员。

shǐ zhì wén zì
始 制 文 字，

nǎi fú yī cháng
乃 服 衣 裳①。

tuī wèi ràng guó
推 位 让 国，

Yǒu yú Táo táng
有 虞② 陶 唐③。

注　释

①衣裳：古时把上衣称为衣，裙子称为裳。

②有虞：有虞氏，传说中的远古部落的名字，舜是它的首领。这里指舜，又称虞舜。

③陶唐：陶唐氏，也是远古部落名，尧是它的首领。这里指尧，又称唐尧。

译　文

传说在上古时代，黄帝的史官苍颉（jié）创制了文字，黄帝的妻子嫘（léi）祖制作了衣裳。唐尧、虞舜英明无私，主动把君位禅（shàn）让给功臣贤人。

diào mín fá zuì
吊①民伐罪，

Zhōu fā Shāng tāng
周发②商汤③。

zuò cháo wèn dào
坐朝问道，

chuí gǒng píng zhāng
垂拱平章④。

注释

①吊：慰问。

②周发：西周的第一个君主武王姬（jī）发，他讨伐并推翻了暴君商纣王而建立周朝。

③商汤：历史上商朝又称殷，成汤是第一个君主，他讨伐并推翻了夏朝暴君桀（jié）而建立商朝。

④平章：筹划商量。

译文

安抚百姓、讨伐暴君的，是周武王姬发和商王成汤。贤明的君坐在朝廷上垂衣拱手，和贤臣商讨治国之道。

ài yù lí shǒu
爱 育 黎 首①，

chén fú Róng Qiāng
臣 伏 戎 羌②。

xiá ěr yì tǐ
遐 迩③ 一 体，

shuài bīn guī wáng
率 宾④ 归 王。

注释

①黎首：百姓。黎，黑。

②戎羌：古代的少数民族。

③遐迩：指远近。

④率宾：一律服从。出自《诗经》："普天之下，莫非王土；率土之滨，莫非王臣。"

译文

英明的君主爱抚、体恤老百姓，使四方各族人民俯首称臣。普天之下都统一成了一体，所有的老百姓都服服帖帖地归顺于他的统治。

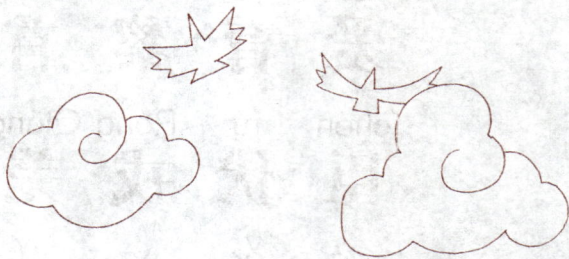

míng　fèng　zài　zhú
鸣　凤　在　竹，
bái　jū①　shí　chǎng
白　驹①　食　场。
huà　bèi②　cǎo　mù
化　被②　草　木，
lài　jí　wàn　fāng
赖　及　万　方③。

注　释

①驹：小马。②被：通"披"，覆盖。③万方：天下。

译　文

凤凰在竹林中欢乐地鸣叫，小白马在草场上自由自在地吃草。圣君贤王的仁德之治使草木都受到了恩惠，他的恩泽遍及天下百姓。

gài cǐ shēn fà
盖① 此 身 发，

sì dà wǔ cháng
四 大② 五 常③。

gōng wéi jū yǎng
恭 惟 鞠 养④，

qǐ gǎn huǐ shāng
岂 敢 毁 伤。

注释

①盖：发语词，无实义。

②四大：指地、水、风、火。

③五常：指仁、义、礼、智、信。

④鞠养：抚养，养育。

译 文

　　人的身体发肤分属于"四大"，人的一言一动都要符合"五常"。诚敬地想着父母养育之恩，哪里还敢毁坏损伤它。

nǚ　　mù　　zhēn　　jié
女　慕^①贞　洁，

nán　xiào　cái　liáng
男　效　才　良。

zhī　guò　bì　gǎi
知　过　必　改，

dé　néng　mò　wàng
得　能^②莫　忘。

注　释

①慕：仰慕。

②得能：掌握某种技能。

译　文

　　女子要仰慕那些持身严谨的贞洁女子，男子要仿效那些有才能有道德的人。知道自己有过错，一定要改正。掌握某种技能要多练习，不要遗忘。

wǎng tán bǐ duǎn
罔①谈彼短，

mǐ shì jǐ cháng
靡②恃③己长。

xìn shǐ kě fù
信使可覆，

qì yù nán liáng
器④欲难量。

注释

①罔②靡：无，不，不要。

③恃：依赖，依仗。

④器：气度、气量。

译文

　　不要谈论别人的短处，也不要依赖自己的长处而不思进取。一言一行要经得起考验，器度要大，宽广的胸怀是难以估量的。

Mò　bēi　sī　rǎn

墨 悲 丝 染①，

shī　zàn　gāo　yáng

诗 赞 羔 羊②。

jǐng　xíng　wéi　xián

景 行③ 维 贤，

kè　niàn　zuò　shèng

克④ 念 作 圣。

注 释

①墨悲丝染：墨子看见白丝被放进染缸里染色，悲叹道："染于苍则苍，染于黄则黄。"

②诗赞羔羊：《诗经》赞美羔羊毛色的洁白纯正。

③景行：意思是说对高山要抬头瞻仰，要向贤人的品德看齐。景，仰慕。行，行为。

④克：克制。

译 文

墨子悲叹白丝被染上了杂色，《诗经》赞颂羔羊能始终保持洁白如一。要仰慕圣贤的德行，要克制私欲，努力仿效圣人。

dé jiàn míng lì
德 建 名 立，

xíng duān biǎo zhèng
形 端 表 正。

kōng gǔ chuán shēng
空 谷 传 声，

xū táng xí tīng
虚 堂 习① 听。

注 释

①习：重复。

译 文

养成了好的道德，就会有好的名声；如同形体端庄了，仪表就端正了一样。空旷的山谷中呼喊声传得很远，宽敞、空荡的厅堂里说话也有回音。

huò yīn è jī
祸 因 恶 积 ，

fú yuán shàn qìng
福 缘① 善 庆 。

chǐ bì fēi bǎo
尺 璧 非 宝 ，

cùn yīn shì jìng
寸 阴 是 竞 。

注释

①缘：由于。

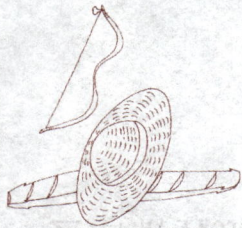

译文

　　灾祸是作恶多端的结果，福禄是乐善好施的回报。一尺长的美玉不能算是真正的宝贝，而片刻时光却值得珍惜。

zī　fù　shì　jūn
资　父　事①君，

yuē　yán　yǔ　jìng
曰　严　与　敬。

xiào　dāng　jié　lì
孝　当　竭　力，

zhōng　zé　jìn　mìng
忠　则　尽　命。

注 释

①事：侍奉。

译 文

奉养父亲，侍奉君主，要严肃恭敬。孝顺父母应当竭尽全力，忠于君主要不惜献出生命。

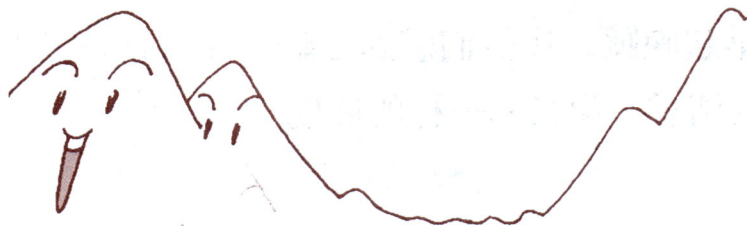

lín　shēn　lǚ　báo
临 深 履 薄 ，

sù　xīng　wēn　qìng
夙 兴① 温 清② 。

sì　lán　sī　xīn
似 兰 斯 馨 ，

rú　sōng　zhī　shèng
如 松 之 盛 。

注释

①夙兴：夙，早晨。兴，起来。

②温清：冬暖夏凉。清：凉。

译文

　　侍奉君主要"如临深渊，如履薄冰"般小心谨慎；侍候父母要早起晚睡，让他们感到冬暖夏凉。让自己的德行像兰草一样的清香，像松柏一样的茂盛。

chuān liú bù xī
川 流 不 息 ，

yuān chéng qǔ yìng
渊 澄① 取 映 。

róng zhǐ ruò sī
容 止② 若 思 ，

yán cí ān dìng
言 辞 安 定 。

注释

①澄：清。

②容止：仪容、举止。

译文

　　像大河川流不息，影响世人，延及子孙。像碧潭清澄照人。仪容举止要沉静安详，言语措辞要稳重，显得从容沉静。

dǔ　chū　chéng　měi
笃① 初 诚 美，

shèn　zhōng　yí　lìng
慎 终 宜 令②。

róng　yè　suǒ　jī
荣 业 所 基，

jí　shèn　wú　jìng
藉 甚③ 无 竟。

注释

①笃：忠实，诚信。
②令：美好。
③藉甚：盛大。

译文

无论修身还是求学，重视开头固然不错，认真去做，善始善终，有好的结果更为重要。这是一生荣誉的事业基础，有此根基，发展就没有止境。

xué yōu dēng shì
学 优 登 仕①，

shè zhí cóng zhèng
摄② 职 从 政 。

cún yǐ gān táng
存 以 甘 棠③，

qù ér yì yǒng
去 而 益 咏 。

注释

①学优登仕：《论语》有"学而优则仕"之语。指学业有成就能出将入相。

②摄：代理。

③甘棠：相传周初召公曾在甘棠树下理政，人们爱戴他，不伐此树。后来人们以"甘棠"称颂官吏的美政和爱民。

译 文

学业优秀就能做官，做了官可以行使职权参与政事。周人怀念召公的德政，留下甘棠树来表达人民的心情。他过世后老百姓对他更加怀念，世世代代歌颂他。

yuè shū guì jiàn
乐 殊① 贵 贱 ，

lǐ bié zūn bēi
礼 别 尊 卑 。

shàng hé xià mù
上 和 下 睦 ，

fū chàng fù suí
夫 唱 妇 随 。

注释

①殊：差别。

译　文

　　选择乐器要根据人们身份的贵贱有所不同，礼节要根据人们地位的高低有所区别。上下要和睦相处，夫妇要一唱一和，协调恩爱。

外 受 傅 训①，
wài shòu fù xùn

入 奉 母 仪 。
rù fèng mǔ yí

诸 姑 伯 叔 ，
zhū gū bó shū

犹 子② 比 儿 。
yóu zǐ bǐ ér

注 释

①傅训：师傅的教导。
②犹子：侄子。

译 文

在外要接受老师的训诲，在家要遵从父母的教导。对待姑姑、伯伯、叔叔等长辈，做侄子、侄女的要像是他们的亲生子女一样孝顺。

kǒng huái xiōng dì
孔 怀① 兄 弟 ，

tóng qì lián zhī
同 气 连 枝 。

jiāo yǒu tóu fèn
交 友 投 分 ，

qiē mó zhēn guī
切 磨② 箴③ 规 。

注 释

①怀：想念。

②切磨：本指加工玉石等器物，此引申为学问品德上的探讨研究。

③箴：规劝、劝勉。

译 文

兄弟之间要相互关心，因为同受父母的血气，如同树枝相连。结交朋友要意气相投，要能学习上思想上切磋琢磨，品行上互相劝勉。

rén　cí　yǐn　cè
仁　慈　隐　恻①，

zào　cì　fú　lí
造　次　弗　离。

jié　yì　lián　tuì
节　义　廉　退，

diān　pèi　fěi　kuī
颠　沛②　匪③　亏。

注释

①隐恻：恻隐，怜悯、同情。

②颠沛：流离、困窘。比喻处境窘迫困顿。

③匪：非，不是。

译文

　　对待别人要仁义、慈爱，对人的恻隐之心在任何时候都不能抛离。气节、正义、廉洁、谦让这些品德，在最穷困潦倒的时候也不可或缺。

xìng jìng qíng yì
性 静 情 逸①，
xīn dòng shén pí
心 动 神 疲 。
shǒu zhēn zhì mǎn
守 真 志 满 ，
zhú wù yì yí
逐 物 意 移 。

注释

①逸：安乐、安闲。

译 文

保持内心清静平定，情绪就会安逸舒适，心为外物所动，内心烦躁，精神就会疲惫困倦。保持自己天生的善良，愿望就可以得到满足，追求物欲享受，善良的本性就会转移改变。

jiān chí yǎ cāo

坚 持 雅 操，

hǎo jué zì mí

好 爵 自 縻①。

dū yì Huá xià

都 邑② 华 夏，

dōng xī èr jīng

东 西 二 京。

注 释

①縻：牵系，得到。

②都邑：国都，京城。

译 文

　　坚定地保持着高雅情操，好的职位自然就会属于你。中国古代的都城华美壮观，有东都洛阳和西都长安。

bèi máng miàn Luò
背 邙① 面 洛 ，

fú Wèi jù Jīng
浮 渭 据 泾 。

gōng diàn pán yù
宫 殿 盘 郁 ，

lóu guàn fēi jīng
楼 观② 飞 惊 。

注释

①邙：山名，北邙山，在河南省。
②观：庙宇。

译文

洛阳北靠邙山，面临洛水；长安北横渭水，远据泾河。宫殿盘旋曲折，楼台宫阙凌空壮观，令人惊叹不已。

tú　xiě　qín　shòu
图　写　禽　兽　，

huà　cǎi　xiān　líng
画　彩　仙　灵　。

bǐng　shè　páng　qǐ
丙　舍①　傍　启　，

jiǎ　zhàng　duì　yíng
甲　帐②　对　楹③　。

注释

①丙舍：宫中别室。

②甲帐：最好的帐幕。

③楹：柱子。

译文

　　宫殿里画着飞禽走兽，还有彩绘的天仙神灵。正殿两边的配殿从侧面开启，豪华的帐幕对着高高的楹柱。

sì　yán　shè　xí
肆 筵 设 席，

gǔ　sè　chuī　shēng
鼓 瑟 吹 笙①。

shēng　jiē　nà　bì
升 阶 纳 陛②，

biàn　zhuǎn　yí　xīng
弁③ 转 疑 星 。

注 释

①笙：簧管乐器，《诗·小雅·鹿鸣》"我有嘉宾，鼓瑟吹笙。"

②陛：帝王宫殿的台阶。

③弁：古时男子戴的帽子。

译 文

宫殿里摆着酒席，弹琴吹笙一片欢腾。官员们上下台阶互相祝酒，珠帽转动，像满天的星斗。

yòu　tōng　guǎng　nèi
右　通　广　内①，

zuǒ　dá　chéng　míng
左　达　承　明②。

jì　jí　fén　diǎn
既　集　坟　典③，

yì　jù　qún　yīng
亦　聚　群　英。

❧ 注 释 ❧

①广内：殿名，汉宫廷藏书之所。

②承明：殿名，西汉朝廷著述之所。

③坟典："三坟"、"五典"，这里泛指各类图书。

译 文

　　右面通向广内殿，左面到达承明殿。这里收藏了很多的典籍名著，也聚集着大量的文武英才。

Dù gǎo Zhōng lì
杜 稿① 钟 隶②，

qī shū bì jīng
漆 书 壁 经 。

fǔ luó jiàng xiàng
府 罗 将 相 ，

lù jiā huái qīng
路 侠③ 槐 卿 。

注 释

①杜稿：杜度的草书手稿。

②钟隶：书法家钟繇（yáo）的隶书真迹。

③侠：同"夹"。

译 文

　　宫殿里边有杜度草书的手稿和钟繇隶书的真迹，有漆写古书，以及在曲阜孔庙墙壁内发现的古文经书。宫廷内文武大臣依次站成两列，出行时宫廷外大夫公卿夹道站立。

hù fēng bā xiàn
户 封 八 县 ，

jiā jǐ qiān bīng
家 给 千 兵 。

gāo guān péi niǎn
高 冠 陪 辇①，

qū gǔ zhèn yīng
驱 毂② 振 缨 。

注 释

①辇：此指皇帝坐的车。
②毂：车轮。

译 文

　　他们每家都有八个县以上的封地，还有上千名侍卫武装。头戴高大帽子的官员们陪着皇帝出游，驾着车飞奔时，缨带飘舞，好不威风。

shì　lù　chǐ　fù
世 禄① 侈 富 ，

chē　jià　féi　qīng
车 驾 肥 轻 。

cè　gōng　mào　shí
策 功 茂 实 ，

lè　bēi　kè　míng
勒② 碑 刻 铭 。

注 释

①世禄：世代享用国家的俸禄。

②勒：雕刻。

译 文

他们世代领受俸禄，奢侈豪富，出门时轻车肥马，春风得意。朝廷还详尽记载他们的功德，刻在碑石上流传后世。

Pān xī Yī yǐn
磻 溪① 伊 尹②，

zuǒ shí ē héng
佐 时 阿 衡③。

yǎn zhái qū fù
奄 宅 曲 阜，

wēi dàn shú yíng
微 旦④ 孰 营。

❀注释❀

①磻溪：姜太公钓鱼所在地，此代指姜太公吕尚。

②伊尹：商朝帝王商汤的宰相。

③阿衡：伊尹的官名，相当于宰相。

④旦：周公姬旦。

译 文

　　周文王在磻溪遇到姜太公吕尚，尊他为"太公望"；伊尹辅佐时政，商汤王封他为"阿衡"。他们都是辅佐当朝皇帝的名相。在封地曲阜没有周公旦辅政哪里能成功？

Huán gōng kuāng hé
桓 公 匡①合 ，

jì ruò fú qīng
济 弱 扶 倾 。

Qǐ huí Hàn Huì
绮②回 汉 惠 ，

shuō gǎn Wǔ dīng
说③感 武 丁 。

注 释

①匡：纠正，端正。

②绮：绮里季，商山四皓之一。

③说：傅说。傅说原是奴隶，殷高宗武丁梦见了他，便画相访求，找到以后，用为宰相。

译 文

　　齐桓公匡正天下诸侯，都打着"帮助弱小"、"拯救危亡"的旗号。汉惠帝做太子时靠绮里季才幸免被废黜的厄运，商君武丁感梦而得贤相，才使商朝走向兴盛。

jùn yì mì wù
俊 乂① 密 勿 ，

duō shì shì níng
多 士 寔② 宁 。

Jìn Chǔ gēng bà
晋 楚 更 霸 ，

Zhào Wèi kùn héng
赵 魏 困 横③ 。

注 释

①俊乂：贤能的人。

②寔：同"实"，实在。

③横：连横。

译 文

　　贤才的勤奋谨慎，换来了百官的各安其位。晋文公、楚庄王先后称霸，赵国、魏国受困于苏秦连横。

jiǎ　tú　miè　Guó
假　途　灭　虢，

jiàn　tǔ　huì　méng
践　土　会　盟。

hé　zūn　yuē　fǎ
何①　遵　约　法，

Hán　bì　fán　xíng
韩②　弊　烦③　刑。

注 释

①何：指萧何，汉高祖丞相。

②韩：指韩非子。

③烦：苛。

译 文

　　晋国向虞国借路去消灭虢国，没想到虞国在虢国之后也被晋国灭亡。晋文公在践土召集诸侯歃血会盟。萧何遵奉汉高祖简约的法律，韩非惨死在他自己所主张的苛刑之下。

qǐ jiǎn pō mù
起 翦 颇 牧①，

yòng jūn zuì jīng
用 军 最 精。

xuān wēi shā mò
宣 威② 沙 漠，

chí yù dān qīng
驰 誉 丹 青③。

❋注释❋

①起翦颇牧：起，白起；翦，王翦；颇，廉颇；牧，李牧。

②宣威：威名远扬。

③丹青：史籍。

译 文

秦将白起、王翦，赵将廉颇、李牧，用兵打仗最为精通。他们的声威远扬到北方的沙漠，美名和肖像永远流传在史册之中。

jiǔ zhōu Yǔ jì
九 州 禹 迹 ，

bǎi jùn Qín bìng
百 郡 秦 并 。

yuè zōng tài dài
岳 宗 泰 岱①，

shàn zhǔ yún tíng
禅 主 云 亭②。

注 释

①岱：泰山的别称。

②云亭：云山和亭山，均是泰山下的小山。

译 文

九州之内都留下了大禹治水的足迹，全国各郡在秦灭六国后归于统一。五岳以泰山为尊，历代帝王都在云山和亭山主持封禅祭典。

yàn mén zǐ sài
雁 门 紫 塞①，

jī tián chì chéng
鸡 田② 赤 城 。

kūn chí jié shí
昆 池③ 碣 石 ，

jù yě dòng tíng
巨 野④ 洞 庭 。

注释

①紫塞：北方边塞，指长城。

②鸡田：西北塞外地名。

③昆池：即昆明滇池。

④巨野：古湖泽名。在今山东省巨野县。

译 文

中国名胜甚多，名关有北疆的雁门，要塞有万里长城，驿站有鸡田，奇山有赤城。赏池去昆明滇池，观海临河北碣石，看泽去山东巨野，望湖上湖南洞庭。

kuàng yuǎn mián miǎo
旷远绵邈①，

yán xiù yǎo míng
岩岫杳冥②。

zhì běn yú nóng
治本于农，

wù zī jià sè
务兹稼穑③。

注释

①绵邈：连绵遥远的样子。

②岩岫杳冥：岩岫，山洞；杳，深远；冥，昏暗。

③稼穑：种植和收割。泛指农业劳动。

译文

中国的土地辽阔遥远，名山奇谷幽深秀丽，气象万千。搞好农业是治国的根本，一定要做好播种与收获。

chū zài nán mǔ
俶① 载② 南 亩 ，

wǒ yì shǔ jì
我 艺 黍 稷③ 。

shuì shú gòng xīn
税 熟 贡 新 ，

quàn shǎng chù zhì
劝 赏 黜④ 陟⑤ 。

注释

①俶：开始。

②载：从事。

③黍稷：农作物，指黄米和谷子一类。

④黜：贬职、罢免。

⑤陟：晋升、奖励。

译 文

一年的农活该开始了，得种植小米和黄米。收获季节，用刚熟的新谷交纳税粮，庄稼种得好的受到表彰赏赐，种得不好的就要受到处罚。

Mèng kē dūn sù
孟 轲 敦 素①，

shǐ yú bǐng zhí
史 鱼 秉 直。

shù jǐ zhōng yōng
庶 几 中 庸②，

láo qiān jǐn chì
劳 谦 谨 敕。

注释

①敦素：敦，崇尚。素，本色。
②中庸：不偏不倚。

译文

　　孟子崇尚朴素，史官子鱼秉性刚直。做人要尽可能合乎中庸的标准，勤劳谦逊，谨慎检点，严于律已。

líng yīn chá lǐ
聆 音 察 理 ，

jiàn mào biàn sè
鉴 貌 辨 色 。

yí jué jiā yóu
贻① 厥 嘉 猷② ，

miǎn qí zhī zhí
勉 其 祗③ 植④ 。

注释

①贻：遗留。

②猷：计划、谋划。

③祗：恭敬。

④植：树立，指处世立身。

译文

听人说话要琢磨其中的道理，看人容貌要看出他的内心。留下别人好的忠告或建议，激励自己谨慎小心地处世立身，建功立业。

xǐng gōng jī jiè
省① 躬② 讥 诫，

chǒng zēng kàng jí
宠 增 抗 极。

dài rǔ jìn chǐ
殆 辱 近 耻，

lín gāo xìng jí
林 皋③ 幸 即。

注释

①省：反省、检查。

②躬：自身。

③皋：水边的高地。

译文

听到别人的讥讽告诫，要反省自身；受到恩宠不要得意忘形，对抗权尊。如果因位尊宠厚招致耻辱的事快要发生时，就退隐山林，还可以幸免于祸。

两 疏 见 机，
liǎng Shū jiàn jī

解 组① 谁 逼。
jiě zǔ shuí bī

索 居 闲 处，
suǒ jū xián chǔ

沉 默 寂 寥。
chén mò jì liáo

注 释

①解组：解下印授，指辞官。

译 文

汉代疏广、疏受叔侄见机归隐田园，有谁逼迫他们辞去官职呢？离群独居，悠闲度日，整天不用多费唇舌，清静无为，甘于寂寞。

求　古　寻　论，
qiú　gǔ　xún　lùn

散　虑①　逍　遥。
sàn　lù　xiāo　yáo

欣　奏　累　遣，
xīn　zòu　lěi　qiǎn

戚②　谢③　欢　招。
qī　xiè　huān　zhāo

注释

①散虑：排除忧虑，不再苦苦思索。
②戚：忧愁。
③谢：拒绝。

译文

　　探求古人古事，阅读至理名言，就可以排除杂念，自在逍遥。轻松的事凑到一起，费力的事丢在一边，消除不尽的烦恼，得来无限的快乐。

qú　hé　dí　lì
渠 荷 的 历①，

yuán　mǎng　chōu　tiáo
园 莽② 抽 条。

pí　pá　wǎn　cuì
枇 杷 晚 翠，

wú　tóng　zǎo　diāo
梧 桐 蚤③ 凋。

注 释

①的历：光彩灿烂的样子。

②莽：密生的草。

③蚤：通"早"。

译 文

　　池塘中的荷花开得鲜艳美丽，园林内的青草抽出嫩芽。枇杷树到了冬天叶子还是绿的，而梧桐树一到秋天叶子就凋零了。

chén gēn wěi① yì②
陈 根 委① 翳② ，

luò yè piāo yáo
落 叶 飘 摇 。

yóu kūn dú yùn
游 鹍 独 运 ，

líng mó jiàng xiāo
凌 摩 绛 霄 。

注释

①委：曲折。
②翳：遮蔽，掩盖。

译 文

老树根蜿蜒曲折，落叶在秋风里飘荡。只有远游的鲲鹏独立翱翔，直冲布满彩霞的云霄。

dān　dú　wán　shì
耽　读　玩　市　，

yù　mù　náng　xiāng
寓　目　囊①　箱　。

yì　yōu　yōu　wèi
易　輶②　攸③　畏　，

shǔ　ěr　yuán　qiáng
属　耳　垣④　墙　。

注释

①囊：口袋。

②輶：古代一种轻便的车。

③攸：所。

④垣：矮墙，也泛指墙。

译文

汉代王充因家贫买不起书，常常到街上的书摊去看书，他博览群书，过目不忘。对輶轩车要有所警惕，不可轻视；说话要防止隔墙有耳。

具膳①餐饭，
适口充肠。
饱饫②烹宰，
饥厌③糟糠。

注释

①具膳：准备食物。
②饫：饱。
③厌：同"餍"，吃饱。

译文

平时的饭菜，要适合口味，让人吃得饱。饱的时候吃大鱼大肉，也不满足，饿的时候只要有酒糟、米糠充饥就非常满足了。

qīn qī gù jiù
亲 戚 故 旧 ，

lǎo shào yì liáng
老 少 异 粮 。

qiè yù jī fǎng
妾 御 绩 纺①，

shì jīn wéi fáng
侍 巾 帷 房②。

注释

①绩纺：泛指纺纱、绩麻诸事。
②帷房：内房。

译文

　　亲属、朋友会面要盛情款待，老人、小孩的食物应和自己不同。妻妾婢女要纺纱织布管理好家务，尽心服侍好丈夫。

wán shàn yuán jié
纨①扇圆洁，

yín zhú wěi huáng
银烛炜煌②。

zhòu mián xī mèi
昼眠夕寐，

lán sǔn xiàng chuáng
蓝笋象床。

✦注释✦

①纨：指用绢制做的团扇。
②炜煌：明亮。

译文

圆圆的绢扇洁白素雅，乳白的蜡烛明亮辉煌。白日小憩，晚上就寝，睡在蓝色的竹席和象牙雕饰的床榻上。

xián gē jiǔ yàn
弦 歌 酒 宴 ,

jiē bēi jǔ shāng
接 杯 举 觞①。

jiǎo shǒu dùn zú
矫② 手 顿 足 ,

yuè yù qiě kāng
悦 豫 且 康。

注释

① 觞:酒杯。
② 矫:举起。

译文

奏着乐,唱着歌,摆酒开宴。人们举起酒杯,开怀畅饮,手舞足蹈,乐在其中,真是又快乐又安康。

dí　hòu　sì　xù
嫡　后　嗣　续，

jì　sì　zhēng　cháng
祭　祀　烝　尝①。

jī　sǎng　zài　bài
稽　颡②再　拜，

sǒng　jù　kǒng　huáng
悚　惧　恐　惶。

注释

①烝尝：代指四时祭祀。
②稽颡：屈膝下拜，以额触地的一种跪拜礼。

译文

　　子孙一代一代传续，四时祭祀不能懈怠。下跪磕头，拜了又拜；礼仪要恭敬虔诚，要怀有敬畏之心。

jiān dié jiǎn yào
笺① 牒② 简 要 ，

gù dá shěn xiáng
顾 答 审 详 。

hái gòu xiǎng yù
骸③ 垢 想 浴 ，

zhí rè yuàn liáng
执 热 愿 凉 。

注 释

①笺：文书、书信。
②牒：书籍。
③骸：身体。

译 文

给人的书信要简明扼要，回答问题时要审慎周详。身上脏了就想洗个澡，捧着热东西就希望有风把它吹凉。

lú　luó　dú　tè
驴 骡① 犊② 特 ，

hài　yuè　chāo　xiāng
骇 跃 超 骧③ 。

zhū　zhǎn　zéi　dào
诛④ 斩 贼 盗 ，

bǔ　huò　pàn　wáng
捕 获 叛 亡 。

注释

① 骡：骡子。

② 犊：小牛。

③ 骧：马抬起头快跑。

④ 诛：杀死，铲除。

译文

家里有了灾祸，连驴子、骡子、牛等大小牲口都会受惊，东奔西跑，比马跑得还快。官府诛杀盗贼，捕获叛乱分子和亡命之徒。

bù　shè　liáo　wán
布　射　僚　丸，

Jī　qín　Ruǎn　xiāo
嵇　琴　阮　箫。

tián　bǐ　lún　zhǐ
恬　笔　伦　纸，

jūn　qiǎo　Rén　diào
钧①巧　任②钓。

注释

①钧：马钧。三国时人，心灵手巧，曾发明指南车。

②任：任公子，见《庄子·外物》，相传他曾在东海钓到大鱼。

译文

吕布善于射箭，宜僚善玩弹丸，嵇康善于弹琴，阮籍善于吹箫。蒙恬制造了毛笔，蔡伦发明了造纸，马钧发明了指南车，任公子善于钓鱼。

shì fēn lì sú
释 纷① 利 俗 ，

bìng jiē jiā miào
并 皆 佳 妙 。

Máo shī shū zī
毛 施 淑 姿 ，

gōng pín yán xiào
工② 颦③ 妍④ 笑 。

≽ 注 释 ≼

①释纷：解决纠纷。

②工：善于。

③颦：皱眉。

④妍：美丽。

译 文

这些人他们或者善于为人解决纠纷，或者善于发明创造，都能有利于社会，给社会带来便利。毛嫱、西施，姿容姣美，不管是皱着眉头还是微笑，都非常美丽动人。

nián shǐ měi cuī
年 矢① 每 催 ，

xī huī lǎng yào
曦 晖 朗 曜② 。

xuán jī xuán wò
璇 玑③ 悬 斡④ ，

huì pò huán zhào
晦 魄⑤ 环 照 。

注释

①矢：箭。

②曜：照耀。

③璇玑：古代称北斗星的第一星至第四星。

④斡：旋转。

⑤晦魄：此指月亮。

译文

　　青春易逝，光阴如箭，岁月匆匆催人渐老，只有太阳的光辉永远照耀四方。高悬的北斗星随着四季变换转动，明亮的月光洒遍人间每个角落。

zhǐ xīn xiū hù
指 薪 修 祜①，

yǒng suí jí shào
永 绥② 吉 劭③。

jǔ bù yǐn lǐng
矩 步 引 领，

fǔ yǎng láng miào
俯 仰 廊 庙。

注 释

① 祜：福，大福。

② 绥：平安，安好。

③ 劭：美好（多指道德品质）。

译 文

　　人们只有顺应自然，修德积福，才能永远平安，生活美好，就像用木柴烧火一样，木柴可以烧完，而火种却不灭。一个人要注意仪表，走路要稳健，举止要大方，一举一动都像在神圣的庙宇中一样庄重。

shù dài jīn zhuāng
束 带 矜 庄①，

pái huái zhān tiào
徘 徊 瞻 眺 。

gū lòu guǎ wén
孤 陋 寡 闻 ，

yú méng děng qiào
愚 蒙 等 诮②。

wèi yǔ zhù zhě
谓③语 助 者 ，

yān zāi hū yě
焉 哉 乎 也 。

注释

①庄：端庄。②诮：讥讽、嘲讽。③谓：叫做。

译文

衣带穿着整齐端庄，举止从容，高瞻远瞩。如果孤陋寡闻，就只能和愚昧无知的人一样空活一世，让人耻笑。

说到古书中的语助词，那就是"焉"、"哉"、"乎"、"也"了。

弟子规

序
xù

弟子规①，圣人训②，
dì zǐ guī　shèng rén xùn

首孝悌③，次谨信④。
shǒu xiào tì　cì jǐn xìn

泛爱众，而亲仁⑤，
fàn ài zhòng　ér qīn rén

有余力，则学文。
yǒu yú lì　zé xué wén

注释

①规：法规，准则。　②训，教训，训导。

③孝悌：孝顺，亲近。侍奉父母为"孝"，敬爱兄长为"悌"。

④信：可信，诚实。

⑤亲仁：亲近善良有品行的人。

译文

　　《弟子规》的内容是圣人对后辈晚生的教导，是学生学习的准则。首先人要孝敬父母，友爱善待兄弟，其次自身要严谨诚信。平时要爱所有的人，亲近有品行的人，以上都做好了，还有能力的话，应该学习文化知识。

入 则 孝
rù zé xiào

父 母 呼 ， 应① 勿 缓 ；
fù mǔ hū yìng wù huǎn

父 母 命② ， 行 勿 懒 。
fù mǔ mìng xíng wù lǎn

父 母 教 ， 须 敬 听 ；
fù mǔ jiào xū jìng tīng

父 母 责 ， 须 顺 承③ 。
fù mǔ zé xū shùn chéng

注 释

①应：应答。

②命：指派，差遣。

③顺承：接受，应承。

译 文

父母有事呼唤的时候，要立即答应，不应有片刻的迟缓。父母差遣，行动要快，不能偷懒。

对父母的教诲，应该恭敬地听从。对父母的指教、批评，要顺从地接受并加以领会。

dōng zé wēn　　xià zé qì
冬 则 温 ， 夏 则 清 ；

chén zé xǐng　　hūn zé dìng
晨 则 省 ， 昏 则 定 。

chū bì gào　　fǎn bì miàn
出 必 告 ， 返 必 面 ；

jū yǒu cháng①　　yè wú biàn
居 有 常 ， 业 无 变 。

注释

①常：固定。

译文

冬天侍奉父母，要让他们感到温暖；夏天要让父母纳凉避暑。清晨要向父母问安，晚上则要让父母安睡。

出门办事一定要先告诉父母去哪里，回家后也要面见父母，让父母安心。居所要在固定的地方，职业要稳定不要多变。

shì suī xiǎo　　wù shàn wéi
事 虽 小， 勿 擅 为 ；

gǒu shàn wéi　　zǐ dào kuī
苟① 擅 为， 子 道② 亏 。

wù suī xiǎo　　wù sī cáng
物 虽 小， 勿 私 藏 ；

gǒu sī cáng　　qīn xīn shāng
苟 私 藏， 亲③ 心 伤 。

注 释

①苟：假如。

②子道：做晚辈应该遵循的礼仪。

③亲：父母。

译 文

　　不要因为事情小就擅作主张，如果擅自行动则不符合晚辈应遵守的礼仪。

　　即使是微不足道的公物，也不要偷偷藏起来，据为己有。如果是偷偷藏起来，品质就有了污点，会伤了父母的心。

qīn suǒ hào   lì wéi jù
亲 所 好 ， 力 为 具①；

qīn suǒ wù   jǐn wéi qù
亲 所 恶②， 谨 为 去 。

shēn yǒu shāng   yí qīn yōu
身 有 伤 ， 贻③亲 忧 ；

dé yǒu shāng   yí qīn xiū
德 有 伤 ， 贻 亲 羞 。

注 释

①具：准备，具备。
②恶：讨厌、厌恶。
③贻：遗留，让。

译 文

长辈所喜欢的东西，要努力准备；凡长辈所讨厌的（包括自己的坏习惯），要小心谨慎去除。

发现我们的身体受伤或有病，就会让双亲担忧；如果品行有缺陷，就会让双亲蒙受耻辱。

qīn ài wǒ   xiào hé nán
亲 爱 我 ， 孝 何 难 ；

qīn zēng wǒ   xiào fāng xián
亲 憎 我 ， 孝 方① 贤 。

qīn yǒu guò   jiàn shǐ gēng
亲 有 过② ， 谏 使 更③ ；

yí wú sè   róu wú shēng
怡 吾 色 ， 柔 吾 声 。

注释

①方：才。

②过：过错。

③更：改正，更改。

译文

父母长辈疼爱我，则孝顺长辈不是什么难事；若父母长辈厌恶我，则孝顺老人才更显得自己贤明。

长辈有缺点错误，做晚辈的应该劝诫。规劝的时候应该和颜悦色，轻声慢语。

jiàn bú rù yuè fù jiàn
谏 不 入 ， 悦 复 谏 ；

háo qì suí tà wú yuàn
号 泣① 随 ， 挞② 无 怨 。

qīn yǒu jí yào xiān cháng
亲 有 疾③ ， 药 先 尝 ；

zhòu yè shì bù lí chuáng
昼 夜 侍 ， 不 离 床 。

注 释

①号泣：号啕大哭。②挞：打。③疾：病。

译 文

如果长辈不听晚辈的劝诫，应该等父母情绪好时和颜悦色地继续规劝。如果长辈还是不听的话，要哭着劝解。即使是长辈打晚辈，晚辈也要忍着，不能有半点怨言。

长辈患病的时候，子女要替病人先尝尝药。照料生病的长者要日夜服侍在床前，不能离开。

sāng sān nián   cháng bēi yè
丧 三 年 ， 常 悲 咽 ；

jū chù biàn   jiǔ ròu jué
居 处 变 ， 酒 肉 绝 。

sāng jìn lǐ①   jì jìn chéng
丧 尽 礼① ， 祭 尽 诚 ；

shì② sǐ zhě   rú shì shēng
事② 死 者 ， 如 事 生 。

注 释

①尽礼：尽量符合礼仪。
②事：对待。

译 文

父母去世后要守丧三年，守丧期间要经常因思念父母而伤心哭泣。在这一时期，自己住的地方要变得简朴，要杜绝酒肉。

父母的丧事要严格依照礼法来办，祭礼要诚心诚意。对待死去的亲人，要像他活着时一样。

出则悌

兄道①友，弟道恭；

兄弟睦，孝在中。

财物轻，怨何生；

言语忍，忿②自泯③。

注释

①道：方法。②忿：怨恨。③泯：消失，泯灭。

译文

兄长要善待弟弟，弟弟要尊敬兄长。兄弟之间要和睦相处，这样也包含着对父母的孝道。

兄弟之间把财物看得轻，怨恨自然就不会产生。言语要忍让，相互尊重，怨恨自然就会消失。

huò yǐn shí　　huò zuò zǒu
或① 饮 食 ，或 坐 走 ；
zhǎng zhě xiān　　yòu zhě hòu
长 者 先 ，幼 者 后 。
zhǎng hū rén　　jí dài jiào
长 呼 人 ，即 代 叫 ；
rén bú zài　　jǐ jí dào
人 不 在 ，己 即 到 。

❋注 释❋

① 或：表示列举。

译 文

无论是吃饭还是坐立行走，顺序都应该是长辈在前，晚辈在后。

如果听见长者叫人，应代为呼叫。如果人不在，自己应立即到长者面前代为听命。

chēng zūn zhǎng　　wù hū míng
称 尊 长 ， 勿 呼 名 ；

duì zūn zhǎng　　wù xiàn néng
对 尊 长 ， 勿 见 能①。

lù yù zhǎng　　jí qū yī
路 遇 长 ， 疾 趋②揖③；

zhǎng wú yán　　tuì gōng lì
长 无 言 ， 退 恭 立 。

注释

①对尊长，勿见能：在尊长面前，不要过分显示自己的才能。见，通"现"，表露、表现。

②疾趋：小跑，疾走。

③揖：古时拱手行礼。

译文

称呼长者，不能直呼对方的名字。在长辈面前要谦虚有礼，不要过分显示自己的才能。

如果在路上遇到长辈，应快跑上去行礼问候。如果长辈没有话说，就要恭恭敬敬地站在一边静候。

qí xià mǎ chéng xià chē
骑 下 马 ， 乘 下 车 ；

guò yóu dài bǎi bù yú
过① 犹 待 ， 百 步 余 。

zhǎng zhě lì yòu wù zuò
长 者 立 ， 幼 勿 坐 ；

zhǎng zhě zuò mìng nǎi zuò
长 者 坐 ， 命 乃 坐 。

注 释

①过：走过去。

译 文

如果骑马走在路上，遇到长辈要赶快下马。如果是乘车遇到长辈就应该赶快下车，等长辈走过之后，还要在原地静候一会儿，等长辈走到百步之外，自己才能离开。

如果长者站着，晚辈就不可以坐着。如果长辈落坐，命令晚辈坐，晚辈才能坐下。

zūn zhǎng qián　　shēng yào dī
尊 长 前 ， 声 要 低 ，

dī bù wén①　　què fēi yí
低 不 闻① ， 却 非 宜 。

jìn bì qū②　　tuì bì chí
进 必 趋② ， 退 必 迟 ；

wèn qǐ duì③　　shì wù yí
问 起 对③ ， 视 勿 移 。

注 释

①闻：听见。②趋：快走。③对：回答。

译 文

在长辈面前，说话声音要低缓，但如果声音低得让长辈听不到，那就不适当了。

面见长辈的时候，走路要快一些；告退的时候动作要缓慢一些；长辈问话时，要站起来回答，双眼望着长辈，不能环顾左右。

shì zhū fù　　　rú shì fù
事 诸 父①，如 事 父②；

shì zhū xiōng　　rú shì xiōng
事 诸 兄③，如 事 兄④。

❀注 释❀

①事诸父：这里"父"是对男性长辈的通称。

②如事父：这里"父"指父亲。

③事诸兄：这里"兄"指同族兄长。

④如事兄：这里"兄"指同父母之兄长。

译 文

服侍叔伯等父辈，要像服侍自己的父亲一样。对待表兄弟们，要像对待自己的亲兄弟一样。

谨 而 信

朝 起 早 ， 夜 眠 迟 ；

老 易 至 ， 惜 此 时 。

晨 必 盥① ， 兼 漱 口 ；

便 溺 回 ， 辄② 净 手 。

注释

①盥：洗脸，洗手。

②辄：就。

译 文

早上要早点起，晚上要迟些睡。人很快就会变老，所以要珍惜现在的大好时光。

早晨起床一定要洗脸洗手，洗脸洗手的同时还要漱口，每次大小便后马上把手洗干净。

guān bì zhèng　　niǔ bì jié
冠①必正，纽必结；
wà yǔ lǚ　　jù jǐn qiè
袜与履②，俱紧切。
zhì guān fú　　yǒu dìng wèi
置冠服，有定位；
wù luàn dùn　　zhì wū huì
勿乱顿③，致污秽。

⟩注释⟨

①冠：帽子。
②履：鞋子。
③顿：放置。

译 文

帽子要戴端正，扣子要扣好。袜子要穿平整，鞋带要系结实。

放帽子和衣服，要有固定的地方，不要乱放，以免弄脏。

衣贵洁，不贵华；
上循①分②，下称③家。
对饮食，勿拣择；
食适可，勿过则④。

注释

①循：遵循，符合。
②分：名分。
③称：适合，相当。
④则：界限。

译 文

衣服贵在整洁而不在于漂亮。见长辈时穿的衣服要符合自己的身份，平时在家穿的衣服要适合自己的家境。

对于饮食，不要挑拣。吃饭要适量，不要超过平时的饭量。

nián fāng shòo　　　wù yǐn jiǔ
年 方① 少 ， 勿 饮 酒 ；

yǐn jiǔ zuì　　　zuì wéi chǒu
饮 酒 醉 ， 最 为 丑 。

bù cóng róng　　　lì duān zhèng
步 从 容 ， 立 端 正 ；

yī shēn yuán　　　bài gōng jìng
揖 深 圆 ， 拜② 恭 敬 。

注 释

①方：正当。

②拜：跪拜，古代一种表示敬意的礼节，这里指问候、拜见。

译 文

正当青春年少的时候，千万不要贪杯，饮酒喝醉是最丑态百出的。

走路时要从容大方，站立时要端端正正。作揖时身子要弓下去，拜见时要表现得恭恭敬敬。

wù jiàn yù wù bǒ yǐ

勿 践 阈①， 勿 跛 倚②；

wù jī jù wù yáo bì

勿 箕 踞③， 勿 摇 髀④。

huǎn jiē lián wù yǒu shēng

缓 揭 帘， 勿 有 声；

kuān zhuǎn wān wù chù léng

宽 转 弯， 勿 触 棱⑤。

❊注释❊

①践阈：踩门槛。

②跛倚：斜靠。

③箕踞：两腿叉开蹲坐。

④髀：大腿。

⑤棱：指器物的棱角。

译文

不要踩踏门槛，站立时不要斜靠着，坐着时不要两腿叉开像簸箕，也不要摇晃大腿。

进门揭门帘动作要缓慢，不要弄出声响。走路转弯时要转大弯，不要碰到器物的棱角。

zhí xū qì　　　rú zhí yíng
执 虚① 器 ， 如 执 盈② ；

rù xū shì　　　rú yǒu rén
入 虚 室 ， 如 有 人 。

shì wù máng　　　máng duō cuò
事 勿 忙 ， 忙 多 错 ；

wù wèi nán　　　wù qīng lüè
勿 畏 难 ， 勿 轻 略③ 。

注释

①虚：空。

②盈：满。

③轻略：轻慢，草率。

译文

手中拿着空的器具，就像拿着盛满了东西的器具一样小心。走进没有人的房间，就像走在有人的房间一样守礼仪。

做事情不要匆忙，匆忙之中容易出错。做事情不要怕难，对待简单的事也不要轻慢草率、敷衍了事。

dòu　nào　chǎng　　　jué　wù　jìn
斗　闹　场　，　绝　勿　近　；

xié　pì　shì　　　　jué　wù　wèn
邪　僻①事　，　绝　勿　问　。

jiāng　rù　mén　　　　wèn　shú　cún
将　入　门　，　问　孰②存　；

jiāng　shàng　táng　　　shēng　bì　yáng
将　上　堂　，　声　必　扬　。

❋注释❋

①邪僻：指怪异的或不正当的事情。
②孰：谁。

译　文

凡是打架喧闹的场合，绝对不要靠近。凡是不正当的低级邪恶的事情，绝对不要过问。

将要进入别人家大门的时候，要问一句："有人吗？"将要进入堂屋的时候，声音一定要大一些（让屋内人知道有人来了）。

rén wèn shéi　　duì yǐ míng
人 问 谁 ， 对① 以 名 ；

wú yǔ wǒ　　bù fēn míng
吾 与 我 ， 不 分 明 。

yòng rén wù　　xū míng qiú
用 人 物 ， 须 明 求 ；

tǎng bú wèn　　jí wéi tōu
倘② 不 问 ， 即 为 偷 。

注释

①对：回答。
②倘：假若，如果。

译 文

当别人问你是谁的时候，要告诉对方自己的名字。如果只回答"是我"，对方则搞不清你到底是谁。

用别人的东西，需要明确地提出请求。如果问都不问一声，不经过别人允许就拿，那就被视为偷。

jiè rén wù　　jí shí huán
借 人 物 ， 及 时 还 ；

rén jiè wù　　yǒu wù qiān
人 借 物 ， 有 勿 悭①。

fán chū yán　　xìn wéi xiān
凡 出 言 ， 信 为 先 ；

zhà yǔ wàng　　xī kě yān
诈 与 妄②， 奚③可 焉 。

注 释

①悭：吝啬，小气。

②妄：无根据，荒诞。

③奚：怎么。

译 文

借别人的东西，要及时归还。别人向你借东西，如果有，就不要小气，要当场答应。

凡张口说话，首先要讲求信用。欺诈与无根据的胡说，又怎么可以呢？

huà shuō duō　　bù rú shǎo
话 说 多 ， 不 如 少 ；

wéi qí shì　　wù nìng qiǎo
惟① 其 是 ， 勿 佞 巧② 。

kè bó yǔ　　huì wū cí
刻 薄 语 ， 秽 污 词 ；

shì jǐng qì　　qiè jiè zhī
市 井 气 ， 切 戒 之 。

注释

①惟：只有，只是。
②佞巧：逢迎，投人所好。

译文

话说得多，不如说得少。说话力图实事求是，不要花言巧语。

尖酸刻薄的语言和骂人的下流话千万不要说出口，街头无赖粗俗的习气也切记要除掉。

jiàn wèi zhēn　　wù qīng yán
见未真，勿轻言；

zhī wèi dí　　wù qīng chuán
知未的①，勿轻传。

shì fēi yí　　wù qīng nuò
事非宜②，勿轻诺③；

gǒu qīng nuò　　jìn tuì cuò
苟轻诺，进退错。

注释

①的：真实、实在。

②宜：适宜、合适。

③诺：许诺。

译文

没亲眼看清楚的事情不要轻易发表意见乱讲。了解不真切的事情不要随便散布传闲话。

对于不妥之事，不要轻易许诺。如果轻易许诺的话，则会让人陷入进退两难的境地。

凡 道 字^①， 重 且 舒^②；
勿 急 疾 ， 勿 模 糊 。
彼 说 长 ， 此 说 短 ；
不 关 己 ， 莫 闲 管 。

注释

①道字：说话吐字。

②舒：流畅。

译 文

　　凡是说话的时候，声音要大而舒缓。说话的语速不要太快，吐字不能含糊不清。

　　不要说东家长西家短，和自己无关的事情，不要去多管闲事。

见 人 善 ， 即 思 齐 ；
纵 去 远 ， 以 渐 跻① 。
见 人 恶 ， 即 内 省② ；
有 则 改 ， 无 则 警③ 。

注释

①跻：登，上升。
②内省：自我反省。
③警：警示。

译文

看到别人好的地方，就要努力和对方齐头并进。即使是和对方有很大差距，慢慢努力也能赶上。

看见别人不好的地方，要自我反省。如果发现自己有同样错误，就要改正，没有类似的错误，也要更加勉励自己，引以为戒。

wéi dé xué　　wéi cái yì
惟 德 学 ，　惟 才 艺 ；
bù rú rén　　dāng zì lì
不 如 人 ，　当 自 励①。
ruò yī fu　　ruò yǐn shí
若 衣 服 ，　若 饮 食 ；
bù rú rén　　wù shēng qī
不 如 人 ，　勿 生 戚②。

注 释

①自励：自我勉励。
②戚：忧伤。

译 文

　　只有品德、学识、才能、技艺是最重要的，不如别人的时候，应时刻激励自己。

　　像衣服、饮食如果不如别人的话，不要忧伤、自卑。

wén guò nù　　　wén yù lè
闻 过① 怒 ， 闻 誉 乐 ；
sǔn yǒu lái　　　yì yǒu què
损 友② 来 ， 益 友 却 。
wén yù kǒng　　　wén guò xīn
闻 誉 恐 ， 闻 过 欣 ；
zhí liàng shì　　　jiàn xiāng qīn
直 谅 士 ， 渐 相 亲 。

注 释

①过：错误。

②损友：不好的朋友。

译 文

听别人说自己缺点就生气，听别人恭维自己就高兴，这样的话你身边就只能有不好的朋友，有益的朋友就会离你而去。

听到赞誉感觉惶恐不安，听到别人指出自己的错误就欣然接受。这样的话，那些正直豁达的人，就会逐渐和你亲近起来。

wú xīn fēi，　　míng wéi cuò
无 心 非①， 名 为 错 ；

yǒu xīn fēi　　　míng wéi è
有 心 非， 名 为 恶 。

guò néng gǎi　　guī yú wú
过 能 改， 归 于 无 ；

tǎng yǎn shì　　zēng yì gū
倘 掩 饰， 增 一 辜② 。

注 释

① 非：这里指做错事。
② 辜：罪过，过错。

译 文

　　无意中做了坏事叫犯错误，有意做坏事就叫行恶了。

　　犯了错误后能够及时改正，就等于没有做过错事一样；
假如掩饰自己的错误，就是错上加错。

泛爱众
fàn ài zhòng

凡是人，皆须爱；
fán shì rén　jiē xū ài

天同覆①，地同载。
tiān tóng fù　dì tóng zài

行高者，名自高；
xíng gāo zhě　míng zì gāo

人所重，非貌高②。
rén suǒ zhòng　fēi mào gāo

注释

①覆：遮盖。

②貌高：外表漂亮。

译文

　　只要是人都需要相互关爱，因为人们都生活在天地之间，被天所庇佑，被大地共同承载。

　　行为高尚的人，声望自然就高。人们所重视的，是人的内在品德，并非外表的漂亮。

cái dà zhě　　wàng zì dà
才 大 者 ， 望① 自 大 ；

rén suǒ fú　　fēi yán dà
人 所 服 ， 非 言 大② 。

jǐ yǒu néng　　wù zì sī
己 有 能 ， 勿 自 私 ；

rén yǒu néng　　wù qīng zǐ
人 有 能 ， 勿 轻 訾③ 。

注 释

①望：名望，声誉。

②言大：吹嘘。

③訾：诋毁，怨恨。

译 文

才学渊博的人，名声必然远扬。人们所信服的是真才实学，并非自我吹嘘的人。

自己有才能，不要自私自利，只为自己所用。别人有才能，不要心生嫉妒，随意诋毁。

wù chǎn fù　　wù jiāo pín
勿谄富，勿骄贫；
wù yàn gù　　wù xǐ xīn
勿厌故①，勿喜新。
rén bù xián　　wù shì jiǎo
人不闲，勿事搅；
rén bù ān　　wù huà rǎo
人不安，勿话扰。

注释

①故：故旧，指老朋友。

译　文

不要巴结有钱的富人，也不要在穷人面前骄横无礼。不要嫌弃旧的朋友，不要只喜欢新结交的朋友。

别人没空闲的时候，不要用事情打搅对方。别人内心不平静的时候，不要用闲言碎语干扰对方。

rén yǒu duǎn   qiè mò jiē

人 有 短 ， 切 莫 揭 ；

rén yǒu sī①   qiè mò shuō

人 有 私① ， 切 莫 说 。

dào rén shàn   jí shì shàn

道 人 善 ， 即 是 善 ；

rén zhī zhī   yù sī miǎn

人 知 之 ， 愈 思 勉② 。

❀ 注 释 ❀

① 私：隐私。

② 勉：努力。

译 文

别人的短处，千万不要揭，别人的隐私，千万不要说出去。

称道别人的善行，就是一件善事。别人知道了你的称赞后，愈发努力，会勤奋向上。

扬人恶，即是恶；
yáng rén è   jí shì è

疾之甚，祸且作①。
jí zhī shèn   huò qiě zuò

善相劝，德皆建；
shàn xiāng quàn   dé jiē jiàn

过不规②，道两亏。
guò bù guī   dào liǎng kuī

注 释

①作：起，产生。
②规：规劝。

译 文

宣扬别人的短处，本身就是一件恶事。如果宣扬得太过分，就会成为祸根，惹出祸患。

朋友之间要互相勉励、劝善，这样双方的德行都会朝好的方向发展。如果见到对方的缺点却不规劝，那么在品德方面两个人都会有所损害。

fán qǔ yǔ① guì fēn xiǎo
凡 取 与①， 贵 分 晓 ；

yǔ yí duō qǔ yí shǎo
与 宜 多 ， 取 宜 少 。

jiāng jiā rén xiān wèn jǐ
将 加 人 ， 先 问 己 ；

jǐ bú yù② jí sù yǐ③
己 不 欲②， 即 速 已③。

注 释

①与：给予。

②欲：希望、想要。

③已：结束。

译 文

凡是从别人那里拿东西，或是给别人东西，关键在于分清楚、说明白。给予别人的应该多，从别人那里获取的应该少。

想要别人做的事情，先要问一问自己愿不愿做，如果自己都不愿意做，就应该赶紧停止。

ēn yù bào　　yuàn yù wàng
恩 欲 报 ， 怨 欲 忘 ；

bào yuàn duǎn　　bào ēn cháng
报 怨 短 ， 报 恩 长 。

dài bì pú　　shēn guì duān①
待 婢 仆 ， 身 贵 端① ；

suī guì duān　　cí ér kuān
虽 贵 端 ， 慈 而 宽 。

注 释

①端：端庄、正直。

译 文

　　对恩惠应该回报，对怨怒应该忘却。对别人怨恨的时间越短越好，回报恩德的时间越长越好。

　　对待家中的婢女和仆人，最重要的是自己的品德要端正正直。不仅品德要端正，而且要仁慈宽厚。

shì　fú　rén　　　xīn　bù　rán①
势 服 人 ， 心 不 然 ；

lǐ　fú　rén　　　fāng　wú　yán
理 服 人 ， 方 无 言 。

❈注 释❈

①然：这样。

译 文

用势力压服人，别人内心会不服。用理服人，别人才会心服口服，没话可说。

亲仁
qīn rén

同是人，类不齐；
tóng shì rén，lèi bù qí

流俗众，仁者稀。
liú sú zhòng，rén zhě xī

果①仁者，人多畏；
guǒ rén zhě，rén duō wèi

言不讳②，色不媚。
yán bú huì，sè bú mèi

注释

①果：真正的。
②讳：因有顾忌而不敢说或不愿意说。

译文

即便都是人，也各有各的不同。流于世俗的普通俗人多，品德高洁宽厚仁慈的人少。

真正的仁者，别人都对他有几分敬畏。因为他说话直言不讳，脸色表情不谄媚奉承。

néng qīn rén　　　wú xiàn hǎo
能 亲 仁 ，　无 限 好 ，
dé rì jìn　　　guò rì shǎo
德 日 进 ，　过 日 少 。
bù qīn rén　　　wú xiàn hài
不 亲 仁 ，　无 限 害 ；
xiǎo rén jìn①　　bǎi shì huài
小 人 进① ，　百 事 坏 。

注 释

①进：此指乘虚而入。

译 文

　　能够接近仁爱的人，会有许多益处。个人的品德会每天都有所进步，过失会每天逐渐减少。

　　不接近品德高尚的仁人志士，则会有许许多多的害处。小人将会亲近他，什么坏事都可能干出来。

余力学文

不力行①，但学文；

长浮华，成何人？

但②力行，不学文；

任③己见，昧理真。

注释

①力行：努力实践。

②但：只。

③任：听任。

译文

不去实践，只是学习文章，就会使人增长浮华的作风，将来又能成为怎样的人？

如果只讲究实践，不努力学习典籍文献知识，听凭自己的见解去处事，就会违背事理。

dú shū fǎ　　yǒu sān dào
读 书 法 ， 有 三 到 ，

xīn yǎn kǒu　　xìn jiē yào
心 眼 口 ， 信① 皆 要 。

fāng dú cǐ　　wù mù bǐ
方② 读 此 ， 勿 慕 彼 ；

cǐ wèi zhōng　　bǐ wù qǐ
此 未 终 ， 彼 勿 起 。

注 释

①信：确实。②方：刚，才。

译 文

读书的方法有三到，即心到、眼到、口到。这三到的确都是必需的。

刚读这本书，不要又羡慕另一本书。这本书没看完，不要又看另一本书。

宽　为　限　，　紧　用　功　；
kuān　wéi　xiàn　　jǐn　yòng　gōng

工　夫　到　，　滞　塞①　通　。
gōng　fu　dào　　zhì　sāi　tōng

心　有　疑　，　随　札　记②　；
xīn　yǒu　yí　　suí　zhá　jì

就③　人　问　，　求　确　义　。
jiù　rén　wèn　　qiú　què　yì

注　释

①滞塞：此指疑惑、不懂之处。

②札记：读书笔记，记录。

③就：接近。这里指虚心向别人请教。

译　文

应该在制订计划时，把学习的期限放宽，在学习时要抓紧时间严格执行计划，工夫到了，不懂的地方自然迎刃而解。

心中有疑问，要随时做学习笔记。虚心向别人请教，以求确切的答案。

fáng shì qīng　　qiáng bì jìng
房 室 清 ①，墙 壁 净 ；

jī àn jié　　bǐ yàn zhèng
几 案 洁 ，笔 砚 正 。

mò mó piān　　xīn bù duān
墨 磨 偏 ，心 不 端 ；

zì bú jìng　　xīn xiān bìng
字 不 敬 ②，心 先 病 ③。

注 释

①清：清洁。

②敬：恭敬，此指整齐。

③病：此指浮躁不安，心神散乱。

译 文

　　房间里要收拾得清洁，墙壁要干干净净。案几书桌要保持整洁，笔墨纸砚要放端正。

　　如果把墨磨歪了，说明心不在焉。如果字写得潦草，说明心中有杂念。

列①典籍，有定处；

读看毕，还原处。

虽有急，卷②束齐；

有缺坏，就补之。

注释

①列：摆放。②卷：指书籍。

译文

摆放典籍藏书，要有固定的地方。读完以后，要放在原来的地方。

即便有急事，也要将书籍整理好。如果有缺损的地方，应该马上将书修补好。

fēi shèng shū　　　píng wù shì
非 圣 书①， 屏②勿 视 ；
bì cōng míng　　　huài xīn zhì
蔽 聪 明 ， 坏 心 志 。
wù zì bào　　　wù zì qì
勿 自 暴 ， 勿 自 弃 ；
shèng yǔ xián　　　kě xùn zhì
圣 与 贤 ， 可 驯③致④。

注释

①圣书：这里指儒家经典。

②屏：通"摒"，这里指摒弃。

③驯：逐渐。

④致：达到。

译文

　　不是圣贤的典籍，就应该扔掉不看。那些不好的书会蒙蔽人的聪明，损坏人的意志。

　　不能自甘堕落，也不能放弃自己。圣人和贤达者的境界，可逐渐通过努力而达到。

论语精选

学而时习之，不亦说乎？有朋自远方来，不亦乐乎？人不知而不愠，不亦君子乎？

——《学而》篇

译 文

学了知识，并能时常温习和练习它，不也是很快乐吗？有志同道合的朋友从远方来，不也是很快乐吗？别人不了解我，我也不怨恨、生气，不也是一个有德的君子吗？

曾子曰："吾日三省吾身。为人谋而不忠乎？与朋友交而不信乎？传

bù xí hū

不习乎？"

——《学而》篇

译 文

曾子说："我每天多次反省自己。为别人办事是不是忠诚？和朋友交往是不是诚实守信呢？老师传授的学业是不是复习了呢？"

shì jiàn wēi zhì mìng   jiàn dé sī

士 见 危 致 命， 见 得 思

yì

义 。

——《子张》篇

译 文

士遇见危险能够献身，看见有利可得会考虑是否合乎道义。

与 朋 友 交 ， 言 而 有
信 。 虽 曰 未 学 ， 吾 必 谓 之
学 矣 。

——《学而》篇

译 文

和朋友交往，说话诚实恪守信用。虽然他谦逊地说自己没有学习过，我也必定说这样的人学习过了。

君 子 不 重 则 不 威 ， 学
则 不 固 。 主 忠 信 。 无 友 不
如 己 者 ， 过 则 勿 惮 改 。

——《学而》篇

译 文

　　君子不庄重就没有威严，所学也就不牢固。做人要以忠诚守信为主。不要和道德上不如自已的人交朋友，有错误就不要怕改正。

wú shí yòu wǔ ér zhì yú xué
吾 十 有 五 而 志 于 学，
sān shí ér lì sì shí ér bú huò
三 十 而 立， 四 十 而 不 惑，
wǔ shí ér zhī tiān mìng liù shí ér ěr
五 十 而 知 天 命， 六 十 而 耳
shùn qī shí ér cóng xīn suǒ yù bù
顺， 七 十 而 从 心 所 欲， 不
yú jǔ
逾 矩 。

——《为政》篇

译 文

　　我十五岁立志学习，三十岁立稳于社会，四十岁不被外界各种事物所迷惑，五十岁懂得了天命，六十岁听到什么不

同意见能正确对待，不觉得不顺耳，七十岁能随心所欲，而不逾越规矩。

lǐ zhī yòng　　hé wéi guì

礼之用，和为贵。

——《学而》篇

译 文

礼仪的应用，和谐是很重要的。

fù zài　　guān qí zhì　　fù mò

父在，观其志；父没，

guān qí xíng

观其行。

——《学而》篇

译 文

父亲在世的时候，看他（儿子）的志向；父亲去世后，看他的行为举止。

wēn gù ér zhī xīn　　kě yǐ wéi

温故而知新，可以为

shī yǐ

师矣。

——《为政》篇

译文

温习旧的知识，能了解新的知识，有新见解、新发现，这样的人能成为老师了。

bú huàn rén zhī bù jǐ zhī　　huàn

不患人之不己知，患

bù zhī rén yě

不知人也。

——《学而》篇

译文

不怕别人不了解自己，只怕自己不了解别人。

jūn zǐ shí wú qiú bǎo　jū wú qiú

君子食无求饱，居无求

ān　mǐn yú shì ér shèn yú yán　jiù yǒu

安，敏于事而慎于言，就有

dào ér zhèng yān　kě wèi hào xué yě yǐ

道而正焉，可谓好学也已。

——《学而》篇

译 文

　　君子吃饭不求吃饱，居住不求舒适，做事情勤快敏捷，说话谨慎注意，追随有道德的人，并请有道德的人帮助自己，来端正自己的行为，这样就可以说是好学了。

jūn zǐ bú qì

君子不器。

——《为政》篇

译 文

　　君子不要像器皿那样，用途有限。

bú huàn wú wèi huàn suǒ yǐ
不 患 无 位 ， 患 所 以
lì bú huàn mò jǐ zhī qiú wéi kě
立 ； 不 患 莫 己 知 ， 求 为 可
zhī yě
知 也 。

——《里仁》篇

译 文

不担心没位置，就担心没有站得住脚的学问和本领。不怕没人了解自己，只求成为有真才实学值得为人们所了解的人。

xiān xíng qí yán ér hòu cóng
先 行 其 言 ， 而 后 从
zhī
之 。

——《为政》篇

译 文

对于你要说的话，要先有行动，实行后再说出来。

jūn zǐ zhōu ér bù bǐ xiǎo rén
君 子 周 而 不 比， 小 人

bǐ ér bù zhōu
比 而 不 周 。

——《为政》篇

译 文

君子团结人而不和人勾结，小人与人勾结而不合群。

xué ér bù sī zé wǎng sī ér
学 而 不 思 则 罔， 思 而

bù xué zé dài
不 学 则 殆 。

——《为政》篇

译 文

只读书学习，而不思索，就会罔然无知。只思考，而不学习，就会迷惑不解。

知 之 为 知 之 ， 不 知 为 不
知 ， 是 知 也 。

——《为政》篇

译 文

知道的就是知道，不知道的就是不知道，这才是有智慧啊！

见 义 不 为 ， 无 勇 也 。

——《为政》篇

译 文

见到该挺身而出的事情，却不作为，袖手旁观，就是不勇敢。

chéng shì bù shuō　suì shì bú

成 事 不 说 ， 遂 事 不

jiàn　　jì wǎng bú jiù

谏 ， 既 往 不 咎 。

——《八佾》篇

译 文

已做过的事不用说了，已完成的事不用再去劝阻了，已经过去的事不必再追究责备了。

lǐ rén wéi měi　　zé bú chù rén

里 仁 为 美 ， 择 不 处 仁 ，

yān dé zhì

焉 得 知 ？

——《里仁》篇

译 文

居住在有仁德的人的地方才好。选择住处却不居住在有仁德之风的地方，怎么能算明智呢？

jūn zǐ yù yú yì　　xiǎo rén yù

君子喻于义，小人喻

yú lì

于利。

—— 《里仁》篇

译 文

君子明白道义，小人只知晓小利。

fā fèn wàng shí　　lè yǐ wàng

发愤忘食，乐以忘

yōu　　　bù zhī lǎo zhī jiāng zhì yún ěr

忧，不知老之将至云尔。

—— 《述而》篇

译 文

发愤用功读书，连吃饭都忘记了，高兴起来把一切忧虑都忘了，连自己快要老了都不知道，如此而已。

fàn shū shí yǐn shuǐ qū gōng
饭 疏 食 ， 饮 水 ， 曲 肱
ér zhěn zhī lè yì zài qí zhōng yǐ
而 枕 之 ， 乐 亦 在 其 中 矣 。
bú yì ér fù qiě guì yú wǒ rú fú
不 义 而 富 且 贵 ， 于 我 如 浮
yún
云 。

——《述而》篇

译 文

吃粗粮，喝冷水，弯着胳膊当做枕头，快乐也就在这其中了。用不正当手段得到的富贵，对我来说，就像天上的浮云。

mǐn ér hào xué bù chǐ xià wèn
敏 而 好 学 ， 不 耻 下 问 ，
shì yǐ wèi zhī wén yě
是 以 谓 之 " 文 " 也 。

——《公冶长》篇

译 文

（孔文子）聪敏勤勉而好学，不以向比他地位低下的人请教感到羞耻，所以给他的谥号为"文"。

jūn zǐ yù
君 子 欲
nè yú yán ér mǐn yú
讷 于 言 而 敏 于
xíng
行 。

——《里仁》篇

译 文

君子出言要谨慎，而行动要敏捷、迅速。

rén zhī shēng yě zhí　　wǎng zhī shēng

人之生也直，罔之生

yě xìng ér miǎn

也幸而免。

——《雍也》篇

译 文

一个人的生存要靠正直，虚伪、不直率的人也能生存，那只是因为他侥幸避免了灾祸。

zhī zhī zhě bù rú hào zhī zhě　　hào zhī

知之者不如好之者，好之

zhě bù rú lè zhī zhě

者不如乐之者。

——《雍也》篇

译 文

（对于修养道德这件事）懂得它的人，不如喜好它的人；喜好它的人，不如以追求它为快乐的人。

rén zhě xiān nán ér hòu huò　　kě

仁 者 先 难 而 后 获 ， 可

wèi rén yǐ

谓 仁 矣 。

——《雍也》篇

译 文

仁人就是先承担难做的事，有结果，他获取在别人后面，这就是仁了。

fū rén zhě　　jǐ yù lì ér lì rén

夫 仁 者 ， 己 欲 立 而 立 人 ，

jǐ yù dá ér dá rén

己 欲 达 而 达 人 。

——《雍也》篇

译 文

至于仁人，就是要想自己站得住，也要帮助别人站得住；要想自己通达（成功），也要帮助别人通达。

jiàn xián sī qí yān　　jiàn bù xián
见贤思齐焉，见不贤

ér nèi zì xǐng yě
而内自省也。

——《里仁》篇

译 文

见到贤人希望向他看齐，见到不贤良的人，应该从内心自我反省（是否有类似的错误）。

jūn zǐ tǎn dàng dàng　　xiǎo rén cháng
君子坦荡荡，小人长

qī qī
戚 戚 。

——《述而》篇

译 文

君子心胸宽广坦荡，小人经常忧愁不安。

xué rú bù jí   yóu kǒng shī
学 如 不 及， 犹 恐 失

zhī
之 。

——《泰伯》篇

译 文

学习知识就像总怕赶不上那样，还担心丢掉应该学的（知识）。

wǒ fēi shēng ér zhī zhī zhě   hào
我 非 生 而 知 之 者， 好

gǔ   mǐn yǐ qiú zhī zhě yě
古， 敏 以 求 之 者 也 。

——《述而》篇

译 文

我不是生下来就有知识的，而是爱好古代的文化，勤奋敏捷地学习，求得知识的人。

sān rén xíng　　bì yǒu wǒ shī yān
三人行，必有我师焉。

zé qí shàn zhě ér cóng zhī　　qí bú shàn
择其善者而从之，其不善

zhě ér gǎi zhī
者而改之。

——《述而》篇

译 文

三个人一起走路，其中必定有人能当我的老师。我选择他好的品德向他学习，看到他不好的地方，作为借鉴，改掉自己的缺点。

mò ér shí zhī　　xué ér bú yàn
默而识之，学而不厌，

huì rén bú juàn　　hé yǒu yú wǒ zāi
诲人不倦，何有于我哉？

——《述而》篇

译 文

默默记住（所学的知识），学习不感到厌烦，教导人不知道疲倦，这对我有什么困难的呢？

曾子曰："士不可以不弘毅，任重而道远。"

——《泰伯》篇

译文

曾子说："士人不可以不胸怀宽广，意志坚强，因为他（实现仁的）责任重大，道路遥远。"

可与共学，未可与适道；可与适道，未可与立；可与立，未可与权。

——《子罕》篇

译文

能一起学习的人，未必都能学到道（真理）；能一起学到道的人，未必都能坚守住道，立得住；能一起坚守住道的人，未必都能权衡轻重，随机应变。

sān jūn kě duó shuài yě　　　pǐ fū

三军可夺帅也，匹夫

bù kě duó zhì yě

不可夺志也。

——《子罕》篇

译　文

一个大的诸侯国的军队，可以夺去他的主帅，但一个男子汉的志向是不能强迫他改变的。

hòu shēng kě wèi　　　yān zhī lái zhě

后生可畏，焉知来者

zhī bù rú jīn yě

之不如今也？

——《子罕》篇

译　文

年轻人是值得敬畏的，怎么知道后来的人不如现在的人呢？

suì hán   rán hòu zhī sōng bǎi zhī
岁 寒 ， 然 后 知 松 柏 之

hòu diāo yě
后 凋 也 。

——《子罕》篇

译 文

到了一年之中寒冷的季节，才知道松柏（比起其他树木来）是最后凋谢的。

shí bù yǔ   qǐn bù yán
食 不 语 ， 寝 不 言 。

——《乡党》篇

译 文

吃饭时不说话，睡觉的时候也不说话。

jǐ suǒ bú yù   wù shī yú rén
己 所 不 欲 ， 勿 施 于 人 。

——《颜渊》篇

译 文

自己不愿意做的事务，不要强加于别人。

zhǔ zhōng xìn　　wú yǒu bù rú jǐ
主 忠 信 ， 毋 友 不 如 己
zhě　　guò zé wù dàn gǎi
者 ， 过 则 勿 惮 改 。

——《子罕》篇

译 文

做人要以忠诚守信为主。不要和道德上不如自己的人交朋友，有错误就不要怕改错。

zhī zhě bú huò　　rén zhě bù yōu
知 者 不 惑 ， 仁 者 不 忧 ，
yǒng zhě bú jù
勇 者 不 惧 。

——《子罕》篇

译 文

充满智慧的聪明人不会迷惑，具有仁德品质的人不会忧愁，具有勇气的人不会畏惧。

qí shēn zhèng　　bú lìng ér xíng
其身正，不令而行；
qí shēn bú zhèng　　suī lìng bù cóng
其身不正，虽令不从。

——《子路》篇

译 文

官员自身端正了，即使不发布命令，老百姓也会自动去干；官员自身不端正，即使发布了命令，老百姓也不会服从的。

nèi xǐng bú jiù　　fū hé yōu hé
内省不疚，夫何忧何
jù
惧？

——《颜渊》篇

译 文

反省自己，自己问心无愧，那还有什么忧愁和恐惧呢？

gǒu zǐ zhī bú yù， suī shǎng zhī
苟 子 之 不 欲， 虽 赏 之

bú qiè
不 窃 。

——《颜渊》篇

译 文

假如你自己不贪图钱财，即使奖励偷窃，你也不会去偷窃的。

jǔ zhí cuò zhū wǎng， néng shǐ wǎng
举 直 错 诸 枉， 能 使 枉

zhě zhí
者 直 。

——《颜渊》篇

译 文

选拔正直的人，罢黜邪恶的人，这样，就能使邪恶的人改邪归正。

jūn zǐ yǐ wén huì yǒu　　yǐ yǒu
君 子 以 文 会 友 ， 以 友

fǔ rén
辅 仁 。

——《颜渊》篇

译 文

君子以文章、学问来交朋友，用朋友帮助自己修炼、培养仁德。

wú　yù　sù　　　wú　jiàn　xiǎo　lì

无欲速，无见小利。

yù　sù　zé　bù　dá　　　jiàn　xiǎo　lì　zé　dà

欲速则不达，见小利则大

shì　bù　chéng

事不成。

——《子路》篇

译　文

不要求快，别贪图小利。图快反而达不到目的，贪图小利大事就做不成。

yán　bì　xìn　　　xíng　bì　guǒ

言必信，行必果。

——《子路》篇

译　文

说话要守信用，做事要果断，一定坚持到底。

jū chǔ gōng　　zhí shì jìng　　 yǔ

居处恭，执事敬，与

rén zhōng

人忠。

——《子路》篇

译 文

平常在家生活起居规规矩矩，办起事来严肃认真，待人忠诚。

jūn zǐ hé ér bù tóng　　xiǎo rén

君子和而不同，小人

tóng ér bù hé

同而不和。

——《子路》篇

译 文

君子是和谐而不等同，小人是等同而不和谐。

jūn zǐ tài ér bù jiāo xiǎo rén
君子泰而不骄，小人

jiāo ér bú tài
骄而不泰。

——《子路》篇

译 文

君子安静、坦然、神态自若而不傲慢无礼。小人傲慢无礼而不安静、坦然。

shì ér huái jū bù zú yǐ wéi
士而怀居，不足以为

shì yǐ
士矣。

——《宪问》篇

译 文

士人（有一定地位、身份的读书人）如果留恋家庭的安逸生活，就不配做士了。

gǔ zhī xué zhě wèi jǐ jīn zhī
古 之 学 者 为 己 ， 今 之

xué zhě wèi rén
学 者 为 人 。

——《宪问》篇

译 文

古人学习是为了端正和充实自己，而现在的人学习是为了给他人看，向别人卖弄。

jūn zǐ chǐ qí yán ér guò qí
君 子 耻 其 言 而 过 其

xíng
行 。

——《宪问》篇

译 文

君子认为，嘴里说得多，超过实际做的是可耻的。

yǒu dé zhě bì yǒu yán　yǒu yán
有 德 者 必 有 言 ， 有 言

zhě bú bì yǒu dé　rén zhě bì yǒu yǒng
者 不 必 有 德 。 仁 者 必 有 勇 ，

yǒng zhě bú bì yǒu rén
勇 者 不 必 有 仁 。

——《宪问》篇

译 文

　　有道德的人，一定有对人们有益的言论，有善言的人不一定有道德。仁人一定很勇敢，勇敢的人却不一定有仁德。

bú nì zhà　bú yì bú xìn
不 逆 诈 ， 不 亿 不 信 ，

yì yì xiān jué zhě　shì xián hū
抑 亦 先 觉 者 ， 是 贤 乎 ！

——《宪问》篇

译 文

　　不事先怀疑别人欺诈，也不揣度别人不诚实，然而，能事先觉察到别人欺诈和不诚实，这样的人是贤者吧！

bú yuàn tiān　　　bù yóu rén　　　xià
不 怨 天 ， 不 尤 人 。 下

xué ér shàng dá　　zhī wǒ zhě qí tiān
学 而 上 达 ， 知 我 者 其 天

hū
乎 ！

——《宪问》篇

译 文

不埋怨天，也不责备别人，我不懈地学习礼乐而上达天命，也许了解我的只有天吧！

bú huàn rén zhī bù jǐ zhī　　huàn
不 患 人 之 不 己 知 ， 患

qí bù néng yě
其 不 能 也 。

——《宪问》篇

译 文

不担心别人不知道自己，只担心自己没本事。

jì bú chēng qí lì chēng qí dé

骥不称其力，称其德

yě

也。

——《宪问》篇

译文

千里马值得人们称赞的不是它的体力，人们赞扬的是它的品德。

yǐ zhí bào yuàn yǐ dé bào dé

以直报怨，以德报德。

——《宪问》篇

译文

应该用正直来报答怨恨，用恩德来回报恩德。

gōng yù shàn qí shì　　bì xiān lì

工 欲 善 其 事 ， 必 先 利

qí qì

其 器 。

————《卫灵公》篇

译 文

做工的想把活儿做好，必须先使他的工具锋利。

jūn zǐ gù qióng　　xiǎo rén qióng sī

君 子 固 穷 ， 小 人 穷 斯

làn yǐ

滥 矣 。

————《卫灵公》篇

译 文

君子虽然很穷，但还是坚守着道义，安守穷困；小人一
遇到穷困就会放纵、无所不为了。

qún jū zhōng rì，yán bù jí

群居终日，言不及

yì hào xíng xiǎo huì nán yǐ zāi

义，好行小慧，难矣哉！

——《卫灵公》篇

译 文

整天聚集在一块，说的都达不到义的标准，喜欢卖弄点儿小聪明，这种人真难教诲啊！

zhì shì rén rén，wú qiú shēng yǐ

志士仁人，无求生以

hài rén yǒu shā shēn yǐ chéng rén

害仁，有杀身以成仁。

——《卫灵公》篇

译 文

志士仁人，没有因为贪生怕死而损害仁德的，只有牺牲自己的生命来成全仁德的。

yán zhōng xìn　　xíng dǔ jìng　　suī
言忠信，行笃敬，虽

mán mò zhī bāng　　xíng yǐ
蛮貊之邦，行矣。

——《卫灵公》篇

译 文

　　说话要忠诚守信，行事要老实谦敬，即使到了蛮貊地区，也能行得通。

rén wú yuǎn lǜ　　bì yǒu jìn yōu
人无远虑，必有近忧。

——《卫灵公》篇

译 文

　　人没长远的考虑，一定会有眼前的忧患。

gōng zì hòu ér bó zé yú rén

躬 自 厚 而 薄 责 于 人，

zé yuǎn yuàn yǐ

则 远 怨 矣。

——《卫灵公》篇

译 文

多责备自己，少责备其他人，就能避免他人的怨恨和不满了。

jūn zǐ bìng wú néng yān　　bú bìng rén

君 子 病 无 能 焉， 不 病 人

zhī bù jǐ zhī yě

之 不 己 知 也。

——《卫灵公》篇

译 文

君子只担心自己没有才能，不担心别人不知道自己。

jūn zǐ qiú zhū jǐ　xiǎo rén qiú

君子求诸己，小人求

zhū rén

诸人。

——《卫灵公》篇

译文

君子要求自已，小人苛求别人。

jūn zǐ jīn ér bù zhēng　qún ér

君子矜而不争，群而

bù dǎng

不党。 ——《卫灵公》篇

译文

君子庄重谨慎而不与别人
争，合群团结而不结党营私。

jūn zǐ bù yǐ yán jǔ rén bù

君子不以言举人，不

yǐ rén fèi yán

以人废言。

——《卫灵公》篇

译 文

君子不根据一个人的言辞来选拔推荐人才，也不因为一个人不好而不采纳他有价值的话。

qiǎo yán luàn dé xiǎo bù rěn zé

巧言乱德。小不忍则

luàn dà móu

乱大谋。

——《卫灵公》篇

译 文

花言巧语败坏人的德行。小的地方不忍耐就会坏大事情。

zhòng wù zhī　　　bì chá yān　　zhòng

众 恶 之 ， 必 察 焉 ； 众

hào zhī　　　bì chá yān

好 之 ， 必 察 焉 。

——《卫灵公》篇

译 文

群众都厌恶一个人，我必须考察他一下；群众都喜欢一个人，我也一定要考察他一下。

guò ér bù gǎi　　shì wèi guò yǐ

过 而 不 改 ， 是 谓 过 矣 。

——《卫灵公》篇

译 文

有了过错而不改正，这真是过错啊。

jūn zǐ zhēn ér bú liàng

君 子 贞 而 不 谅 。

——《卫灵公》篇

译 文

君子坚守诚信的大道，但不拘泥于小的信誉。

dào bù tóng　　bù xiāng wéi móu

道 不 同 ， 不 相 为 谋 。

——《卫灵公》篇

译 文

大的原则、理想、主张不一样，就不能在一起谋划事情。

yì zhě sān yǒu　　sǔn zhě sān

益 者 三 友 ， 损 者 三

yǒu　　yǒu zhí　　yǒu liàng　　yǒu duō wén

友 ： 友 直 ， 友 谅 ， 友 多 闻 ，

yì yǐ　　yǒu pián pì　　yǒu shàn róu

益 矣 ； 友 便 辟 ， 友 善 柔 ，

yǒu pián nìng　　sǔn yǐ

友 便 佞 ， 损 矣 。

——《季氏》篇

译 文

有益的交友有三种，有害的交友也有三种。同正直的人交朋友，同诚信的人交朋友，同见闻广博的人交朋友，这是有益的。同惯于逢迎谄媚、走邪道的人交朋友，同善于阿谀奉承的人交朋友，同善于花言巧语的人交朋友，这是有害的。

shēng ér zhī zhī zhě　shàng yě
生 而 知 之 者 ， 上 也 ；
xué ér zhī zhī zhě　cì yě　kùn ér
学 而 知 之 者 ， 次 也 ； 困 而
xué zhī　yòu qí cì yě　kùn ér bù
学 之 ， 又 其 次 也 ； 困 而 不
xué　mín sī wéi xià yǐ
学 ， 民 斯 为 下 矣 。

——《季氏》篇

译 文

生来就知道的人，是上等的人；经过学习后才知道的人，是次一等的人；遇到困难再去学的人，是又次一等的人；遇到困难还不学的人，这种人就是下等人了！

bù xué　　　shī　　　wú yǐ yán
不 学《诗》，无 以 言。

bù xué lǐ　　wú yǐ lì
不 学 礼，无 以 立。

——《季氏》篇

译 文

不学《诗经》，就不懂得如何说话。不学礼仪，就不懂得如何立身。

dào tīng ér tú shuō　　dé zhī qì
道 听 而 涂 说，德 之 弃

yě
也。

——《阳货》篇

译 文

在路上听到的未经证实的传言就到处去传播，这是有道德的人所唾弃的。

bó xué ér dǔ zhì　　qiè wèn ér
博 学 而 笃 志 ， 切 问 而

jìn sī　　rén zài qí zhōng yǐ
近 思 ， 仁 在 其 中 矣 。

——《子张》篇

译 文

博览群书、广泛学习而且志向专一不变，恳切地提出疑问并且去思考，仁就在这里了。

zhì zhě yào shuǐ　　rén zhě yào
知 者 乐 水 ， 仁 者 乐

shān　　zhì zhě dòng　　rén zhě jìng　　zhì
山 ； 知 者 动 ， 仁 者 静 ； 知

zhě yào　　rén zhě shòu
者 乐 ， 仁 者 寿 。

——《雍也》篇

译 文

聪明的人喜爱流动的水，有仁德的人喜爱稳重的山；聪明的人爱活动，仁德的人喜好沉静。智慧的人快乐，有仁德的人长寿。（知：古音念 zhì，同"智"。乐：古音念 yào）